邻家的
百万富翁

THE MILLIONAIRE NEXT DOOR
The Surprising Secrets of America's Wealthy -20th Anniversary Edition-

Thomas J. Stanley   William D. Danko

〔美〕托马斯·斯坦利 〔美〕威廉·丹科 著

朱鸿飞 译

南海出版公司

新经典文化股份有限公司
www.readinglife.com
出　品

献给珍妮特、萨拉和布拉德，生生世世，直到永远。

——托马斯·斯坦利

献给挚爱的妻子康妮和亲爱的孩子克里斯蒂、托德和戴维。

——威廉·丹科

本书旨在提供与所述主题相关的准确而权威的信息。本书的销售并不代表作者或出版人提供了法律、投资、会计或其他专业服务。如果您需要法律建议或其他专业帮助，请向专业人士求助。

本书案例研究中的人名均为化名。

目 录

20 周年纪念版序 / 001

2010 年版序 / 005

前言 / 1

第 1 章 **认识邻家的百万富翁** / 7

这些人不可能是百万富翁! 他们外表不像百万富翁, 穿着不像百万富翁, 吃得不像百万富翁, 行事不像百万富翁, 连名字都不像百万富翁! 表里如一的百万富翁在哪里?

第 2 章 **节俭、节俭、节俭** / 29

他们过着远低于收入水平的生活。

第 3 章 **时间、精力和金钱** / 77

他们高效地分配时间、精力和金钱, 走上财富积累之路。

第 4 章 **你的物品不代表你的身份** / 119

他们相信, 财务自由比展示社会地位更重要。

第 5 章　经济门诊关怀 / 153

他们的父母不提供经济门诊关怀。

第 6 章　家庭风格的平权运动 / 189

他们的成年子女经济自立。

第 7 章　找到你的细分市场机会 / 227

他们擅长瞄准市场机会。

第 8 章　工作：百万富翁与继承人 / 241

他们选择正确的职业。

致谢 / 261

附录 1：我们如何找到百万富翁 / 263

附录 2：个体经营的百万富翁的行业或职业 / 266

20 周年纪念版序

1996 年 10 月，我父亲托马斯·斯坦利的作品《邻家的百万富翁》第一版面世。1997 年 1 月，该书首次登上《纽约时报》畅销书榜单。显然，它的主题触动了公众心弦。它连续在榜 179 周，最终在全球以超过 8 种文字售出 300 多万本。

《邻家的百万富翁》的巨大成功催生了一连串类似主题的作品，其中许多作品在帮助读者提升个人财务知识和责任感方面发挥了不少作用。《邻家的百万富翁》与其后许多图书的区别在于研究的深度和广度。《邻家的百万富翁》的结论基于真实世界的数据，包括对超过 1.4 万名美国富翁的调查。实际上，父亲随后 20 年在该领域的研究证实了他最初的理论：即使没有 6 位数或 7 位数的年薪，通过努力工作、勤劳节俭，假以时日，你仍可以变得富有。其中的指导原则很简单：多挣少花，结余用于投资，让财富随时间而增长。这项重要研究也凸显了某些重大人生决定对积累财富的影响，如选择配偶、职业和生活地点。这些结论支持了父亲的财务观：找到你热爱的事业，努力工作，为未来储蓄，最终与朋友和家人享受你的劳动成果。

写作《邻家的百万富翁》一书时，父亲头脑中有明确的读者对象。他希望启发的那些人完成了大学学业，在某个公认待遇良好的行业（销售、法律、医疗、会计、企业管理咨询）有份工作，但摆脱不了过度消费的生活方式。父亲意识到，这些人感觉陷入困境，但不明所以。

父亲还想警告大家当心某些人，这些人只是装成有钱的样子，也许还隐瞒了财务上对他人"经济门诊关怀"①的依赖。他为那些受过良好教育、正准备选择未来夫婿的职业女性写下这本书。一旦熟悉了对方的家庭，她就会意识到，她完美的交往对象不过是纵容依赖的家庭包装出来的不真实的人。

任何人都可以循着上述原则变得富有吗？也许可以，肯定可以！父亲从一开始就明确提出，财富积累有个必要条件。如果收入满足不了基本需要，一个人很难去储蓄或投资。具体而言，那些收入仅够食宿的工薪族很难实现财务自由。他们积累财富的障碍更大，因此相比那些已经达到或高于平均收入的人，他们需要更艰巨的努力和自律。但也并非不可能，许多人已经在来信和邮件里分享了这一点。这些读者表示，相比一直依赖政府援助或指望彩票中奖，更大的希望蕴藏在人自身的能力之中。

---

① economic outpatient care，指各种形式的经济支持行为，它与后文中提及的经济疼痛（economic pain，指遭遇金钱方面的紧缺）、经济住院关怀（economic inpatient care，指超越经济门诊关怀的终极补贴形式）相呼应。——编者注（本书注释除特殊说明外，均为作者原注。）

时至今日，《邻家的百万富翁》第一版时列出的基本原理甚至更加适用。2016 年，你比 1996 年时更容易获得关于邻居当前消费的信息，因此要避免陷入消费攀比，你需要更强的自制力。你无须猜测朋友和同事的高消费生活方式，可以实时见证他们的每笔花费：新车、新房、贵族学校、装修、度假、饰品和高档礼物都被分享在社交网络上，呈现在世界面前。同样，研究表明，我们人类这种生物花许多时间和精力为金钱操心，矛盾的是我们却又很少花时间管理个人财务。美国心理学会（American Psychological Association）一项关于压力的最新研究报告显示，72% 的美国人有时会感到金钱的压力，26% 的美国人大部分时间或一直感觉到金钱压力。美国劳工统计局（Bureau of Labor Statistics）报告说，美国人仅将 0.5% 的时间用于家庭经营——这是一个包括个人财务管理在内的概念。关注度与具体行为之间的巨大落差表明，本书的研究依然十分重要。

为《邻家的百万富翁》20 周年纪念版作序的任务和荣耀应归于父亲。本书第一版将个人理财提升到主流地位，这是他一生的事业。他非常期待这本周年纪念版的出版，很高兴知道这些研究仍有影响力，能够为那些寻求谨慎而成功地管理个人财务的人提供指导。

考虑到父亲卑微的劳工阶层出身，本书第一版的成功及其隐含信息引发的关注尤其让他欣慰。他努力工作，自己付清读本科和研究生的学费，毕业后一边教学，一边打造了一家成功的咨询企业。研究中，他访问了那些通过努力和勤奋、在一代人时间内白手起家、直到拥有一个财富帝国的人，还与许多继承了财产又挥霍一空的人谈论过。这两个群体间的鲜明对比成为他后来研究的焦点。

父亲强烈支持大家去发现并追求自己热爱的事业。他从对富人和小企业主的研究中得知，如果你能找到一个让你充满激情的爱好，并将它变成一项事业，那你就会像他一样，永远不会觉得那只是工作。

2015 年 2 月，父亲在一名醉酒司机引发的交通事故中不幸去世。在随之而来的媒体关注中，一些评论者借机宣称《邻家的百万富翁》的基本原则不再有效。书中认为，在 2015 年靠努力、勤奋和精明的财务活动来积累财富是可行的，而那些人嘲笑这样的观点。正因为有这些广为流传的错误看法，《邻家的百万富翁》在 1996 年时就是一部不可或缺的作品。这些错误看法促使我们支持这样一个结论，即在 2016 年及以后，我父亲开创的研究和工作必将继续下去。20 年前，真实数据反驳了关于财富的传统观念，用事实证明了一个人可以在没有富人支持或巨额工资的情况下实现财务自由；今天，这些数据依然支持这一结论。如果父亲还在，他也会这样说。

萨拉·斯坦利·福洛

2016 年 1 月 12 日

2010 年版序

近来一名记者问我，自 2008 年金融危机之后，我是否注意到美国百万富翁群体有什么变化。她想知道，考虑到最近股票和房产市值的大幅下调，百万富翁群体是否已经消亡。我回答说，即使在当前这场衰退中，邻家的百万富翁依然健在。自 1980 年以来，我就不断发现，大部分百万富翁不会将财富全部投资于股票组合或房产。百万富翁在经济上获得成功的原因之一是他们的思考方式不同于普通人。许多百万富翁告诉我，真正的差异与控制你的投资有关。没人能控制股市，但你可以控制自己的业务、个人投资、借给别人的钱等等。过去 30 年来，我从未发现一个典型的百万富翁将超过 30% 的财富投资于上市公司股票，更常见的范围是从 20% 到 25% 左右。这些比例与美国国家税务局（Internal Revenue Service）的研究结果一致，而该机构拥有全世界最齐全的富豪数据库。

让我们看看一对邻家的百万富翁型夫妇：T 夫人和丈夫。在大部分人看来，这对夫妇的生活方式是乏味无聊的。这位女性百万富翁戴天美时手表，丈夫戴精工表（百万富翁戴得最多的牌子）；他们的衣服买自狄乐百货（Dillard's）、杰西潘尼（JC Penney）和提杰麦克斯（TJ Maxx）；过去10年，他们只买过两辆车，都是福特；他们住房的当前市值约为27.5万美元；T夫人最近一次理发用了18美元。然而，在财务自由这个意义上，他们一点儿也不平淡。

当我谈到T夫妇这样的人时，肯定有人会问："但他们快乐吗？"住着价值不到30万美元房子的百万富翁里，至少90%对生活极为满意。我曾在最近的研究中指出，投资金额在100万美元以上的家庭中，住房价值不超过30万美元的家庭数量是不低于100万美元家庭数量的近3倍。

甚至大部分美国千万富翁都不住昂贵的房子。最近，我梳理了美国国家税务局2007年针对遗产不少于350万美元的逝者的数据。我估计，这些人的住房市值中位数是469 021美元，不到他们净资产中位数的10%。平均而言，这些人投入投资性不动产的财富是用于购买私人住房的资金的2.5倍以上。

描绘邻家的百万富翁群体是一个不断累积至今的持续过程。最初，我用了另一个词语来描述这部分人。我首先在一篇名为"市场细分：利用投资决定因素"的论文中创造了"富裕蓝领群体"这个概念。1979年10月10日，我在纽约的美国证券业协会（Securities Industry Association）的一次大会上宣读了这篇论文。美国市场营销协会（American Marketing Association）后来出版了它。在此之前的1979年5月，纽约证券交易所（New York Stock Exchange）让我根据它刚刚完成的对2 741个家庭的投资模式和对待金钱的态度与行为的调查，研究其市场影响并设计出一套推荐做法。这项研究构成了上述论文的基础。我在论文中提出的观点是："机会存在于多年来被（投资）行业所忽视的群体之中……真正庞大的群体（成员）——富裕蓝领——不需要购买白领拥有的昂贵物品。"

提交论文的时候，我认识到，富裕蓝领或邻家的百万富翁群体确实存在，而且很可能是一个相当大的群体。首次发现这个市场后不久，我发现了它到底有多大。

1980 年 6 月，一家大型货币中心银行委托我做一项关于美国百万富翁群体的全国性研究。在计划阶段，有件事对我的职业方向产生了深远影响。一天上午，在与我的客户、同事兼朋友乔恩·罗宾（Jon Robbin）的一次研究小组会议上，我的脑海里突然闪现出"邻家的百万富翁"群体这一概念。哈佛出身的数学家乔恩描绘了美国各地 20 多万个住宅区的居民的不同财富特征。他随口提到："美国约半数百万富翁不住在高档社区。"那就是我脑中灵光闪现的一刻！真正扣人心弦的故事不在于全体百万富翁，只关乎那些低调富翁，那些住在位于中产阶层甚至劳工阶层住宅区的朴素房子里的富翁。从那一刻起，我开始满腔热情地研究、记录邻家的百万富翁这个类型。我在 30 年前的 1980 年进行的那次研究是关于百万富翁的规模、地理分布和财务生活方式的第一次全国性综合研究，其主要发现与我自那以后进行的无数研究高度一致。

我为作为一个整体的美国最大的 50 家金融机构撰写了题为"全美富裕研究，1981—1982"的报告。除设计这项研究外，我还到全国各地组织对百万富翁的重点集体面谈。后来，其中许多金融机构，包括美国前十大信托公司中的 7 家，委托我代表他们对富裕人群做一次重点集体访谈和调查，于是我得到了与超过 500 名百万富翁面对面交流的机会。我把对这些访谈及我做过的许多其他访谈的解读写在了《邻家的百万富翁》一书中。有趣的是，我在俄克拉荷马州和得克萨斯州等地访问过的百万富翁，与纽约和芝加哥的富翁信奉同样的传统价值观。他们中的绝大部分热衷于实现财务自由，那就是他们量入为出的原因。

写作《邻家的百万富翁》一书前，我花了几乎整整一年回顾我的调查数据和 1982—1996 年间所做访谈的记录。我相信，如此广泛的研究和分析是《邻家的百万富翁》一书畅销不衰的原因。花一本书的钱，读者实际上买到了价值相当于 100 多万美元的宝贵研究和解读。

为什么我要不断写作关于富人的内容？这不是为了富人！我的作品旨在启发那些不知富有为何物并受到误导的人。大多数美国人对富有家庭的真实内部运行一无所知。广告业和好莱坞极其成功地向我们灌输了富有与高消费密不可分的信念，然而正如我反复指出的，绝大部分富人过着远低于收入水平的生活。可惜大部分美国人觉得，他们将多挣的每一分钱都转手花掉的做法是在向富人看齐。

邻家的百万富翁这类人的做法却完全不同。一名职业是工程师的女性百万富翁告诉我："大学毕业后，我和同为工程师的丈夫都找到了好工作。我们花一个人的工资，另一人的工资存起来。涨了工资，我们就多存点。我们在一套 1 900 平方英尺①的简朴房子里住了 20 年……有时候，孩子们会问，我们家是不是很穷，因为我让他们在一美元的菜单里点菜。"

---

① 1 英尺约等于 30.48 厘米，1 平方英尺约等于 0.093 平方米，1 900 平方英尺约合 177 平方米。——编者注

美国依然是一片充满机会的土地。过去 30 年来，我发现白手起家的百万富翁比例一直维持在百万富翁总数的 80%—85% 之间。人们从建设自己的财富大厦中获得极大的骄傲、快乐和满足。无数百万富翁告诉我，通往财富的过程比目标更令人开心，回首积累财富的历史，他们回想起不断设置的经济目标和从实现目标中获得的巨大快乐。确实，在经济成就方面，邻家的百万富翁最津津乐道的是过程，是通往财务自由的道路。

托马斯·斯坦利

2010 年 6 月　佐治亚州亚特兰大市

前　言

20年前，我们开始研究致富之道。一开始，我们按人人都想得到的方式，在全国各地调查那些住在所谓高档住宅区的人。后来我们发现了一个奇怪的现象：许多住豪宅、开豪车的人其实没多少钱；接着我们发现了更奇怪的现象：许多家财万贯的人甚至都不住在高档社区。

这个小小的发现改变了我们的生活，导致我们中的托马斯·斯坦利放弃了学术生涯，写出3本关于向美国富人营销的图书，成为向富人提供产品和服务的公司的顾问。另外，他还为美国十大金融服务公司中的7家主持对富人的研究。我们组织了数百场研讨会，探讨以富人为目标的话题。

为什么这么多人对我们的观点感兴趣？因为我们发现了哪些人是真正的富人，哪些不是。最重要的是，我们指出了普通人得以致富的方式。

这些发现深意何在？那就是：在美国，大部分人关于财富的概念完全错了。财富不等于收入。如果你年年挣大钱，又全部花掉，你富不起来，而只是生活奢侈。财富是你的积累，而不是你的消费。

如何才能变得富有？在这一点上，大部分人又想错了。幸运、继承、高学历甚至智慧都很少能让人聚集起财富，富裕往往是努力工作、坚持、计划特别是自律的生活方式的结果。

"为什么我不富有呢？"

许多人一直在问自己这个问题。这些人多半工作努力、受过良好教育、收入丰厚，但为什么成为富人的那么少呢？

百万富翁与普通人

美国人拥有史无前例的巨额私人财富（1996 年超过了 22 万亿美元），然而大部分美国人并不富裕：3.5% 的家庭拥有美国近一半的财富，而大部分其他家庭远远不及。我们说的"其他家庭"不是指经济上的失败者，这些数以百万计的家庭中，大部分是中等及以上收入的人。在美国，超过 2 500 万个家庭年收入在 5 万美元以上，超过 700 万个家庭年收入在 10 万美元以上。[①] 但即使是这些"收入丰厚"者，仍有太多的人仅仅积累起很有限的财富，许多人的生活依靠每月的薪水维持。他们将是能够从本书中获益最大的人。

不算房屋净值，美国中等家庭的净资产不足 1.5 万美元。去掉汽车、家具等的净值，猜猜结果如何？这个家庭股票、债券之类的

---

① 根据美国人口普查局数据，1996 年美国家庭收入的中位数为 35 492 美元，2021 年美国家庭收入的中位数是 70 784 美元。——编者注

金融资产多半为零。没有雇主每月支付的工资，一个普通美国家庭在经济上能维持多久？也许大部分情况下只有一两个月。即使那些薪水排在前 20% 的人也并不真正富裕，他们的家庭净资产中位数不到 15 万美元。如果不算房屋净值，这一群体的净资产中位数会降到 6 万美元。那么老年人的情况呢？如果没有社会保险的补助，近一半 65 岁以上的美国人将生活在贫困中。

即使是最常规类型的金融资产，拥有的美国人也是少数。只有约 15% 的美国家庭拥有货币市场存款账户（money market deposit account）；22% 的家庭有存款单；4.2% 的家庭有货币市场基金（money market fund）；3.4% 的家庭有公司债券或市政债券；不到 25% 的家庭有股票和共同基金（mutual fund）；8.4% 的家庭有出租资产；18.1% 的家庭有美国储蓄债券（U.S. Savings Bonds）；23% 的家庭有个人退休账户（IRA）或个体经营者退休金账户（KEOGH）。

但 65% 的家庭拥有自住房屋资产，超过 85% 的家庭有一辆或更多汽车。汽车通常会快速贬值，金融资产则趋于升值。

本书提到的百万富翁实现了财务自由，他们可以维持当前的生活很多年而不必挣一毛钱工资。这些百万富翁中的绝大多数不是洛克菲勒家族或范德比尔特家族的后代，超过 80% 是在一代人的时间内积累起财富的普通人。他们缓慢地、一步一个脚印地积累起财富，没有与纽约扬基棒球队签过价值数百万美元的合同，没中过彩票大奖，也不是米克·贾格尔（Mick Jagger）那样的摇滚巨星。一夜暴富会引发轰动，但这样的事情非常罕见，一生之中通过这类途径致富的概率低于 0.025%，请比较这一概率与净资产 100 万美元以上美国家庭在所有家庭中所占的比例（3.5%）。

致富 7 要素

富人是什么样子？通常，他是个商人，成年后从没搬过家；他拥有一家小工厂、连锁商店或服务公司；他结过一次婚，没离过婚；他与财产只及他零头的人比邻而居；他对储蓄和投资上瘾；他的钱都是自己挣的，80% 的美国百万富翁是白手起家的。

富人的生活方式通常有利于积累金钱。调查过程中，我们发现了那些成功积累起财富的人的 7 个共同特征：

- 他们过着远低于收入水平的生活。
- 他们以有利于财富积累的方式，高效地分配时间、精力和金钱。
- 他们相信财务自由比展示更高的社会地位重要。
- 他们的父母不提供经济门诊关怀。
- 他们的成年子女经济独立。
- 他们能娴熟地发现市场机会。
- 他们选择正确的职业。

在《邻家的百万富翁》一书中，你将学习富人的这 7 个特征，希望你学会如何在自己身上培养它们。

我们的研究

为写作《邻家的百万富翁》一书，我们做了有史以来最全面的关于美国富人阶层及其致富方式的研究。许多研究结论得自我们的最新调查，相应地，这些调查又是根据我们过去 20 年来所做的研究设计的。这些研究包括对 500 多名百万富翁的个人和重点集体面谈，及对超过 1.1 万名高净资产、高收入对象的调查。

在 1995 年 5 月到 1996 年 1 月间我们做的调查中，超过 1 000 人回答了问卷。就与财富有关的各种问题，问卷询问了每个调查对象的态度和行为。每个参与我们研究的人都回答了 249 个问题，这些问题涉及的范围广泛，从有没有家庭开支计划到财务上的担忧，从购买汽车时的还价方法到给成年子女的财务礼物或"善举"的类别，问卷的若干部分请调查对象指出他们在汽车、手表、衣服、皮鞋、度假等方面花费过的最大金额。这是我们进行过的最宏大、最彻底的研究。一些关键因素解释了人如何在一代时间内致富，从没有其他研究关注过这些因素，也从没有一项研究揭示过为什么许多人甚至大部分高收入者都从未积累起哪怕一小笔财富。

除调查外，我们还通过其他研究加深了对邻家的百万富翁的了解。我们花费数百小时与白手起家的百万富翁深入交流，分析访谈内容。我们还访问了他们的许多顾问，如注册会计师等专业人员。在我们对财富积累的根本问题的探索中，这些专家帮助极大。

我们在所有这些研究中发现了什么？最主要的发现是，财富的积累需要自律、牺牲和辛勤工作。你真的希望实现财务自由吗？你和家人愿意为了实现这一目标而调整生活方式吗？许多人的决定可能是不愿。然而，如果你愿意在时间、精力和消费习惯间做出必要的平衡，你就可以开始构筑财富大厦，实现财务自由。《邻家的百万富翁》将带你走上这一旅程。

第 1 章　认识邻家的百万富翁

> 这些人不可能是百万富翁！他们外表不像百万富翁，穿着不像百万富翁，吃得不像百万富翁，行事不像百万富翁，连名字都不像百万富翁！表里如一的百万富翁在哪里？

说这番话的是一家银行信托部的副经理。在我们请 10 名白手起家的百万富翁做一次重点集体面谈并用过晚餐后，他发出这番评论。

大部分不富裕的人对百万富翁的看法和他一样，觉得百万富翁有昂贵的衣服、名表和其他象征身份的物品，但我们发现情况并非如此。

实际上，我们这位信托主管朋友在西服上花的钱比典型的美国百万富翁多得多。他还戴着 5 000 美元的表，而我们从调查中得知，大部分百万富翁从未在手表上花费过哪怕 5 000 美元的 10%。我们的朋友还开一辆新款进口豪华汽车，大部分百万富翁不买当年款汽车，只有少数开进口车，开进口豪华车的就更少了。我们的信托主管还租车，而百万富翁只有一小部分曾经租过车。

但问一个普通成年美国人这个问题：谁看上去更像百万富翁，是我们那位信托主管朋友，还是参与我们访谈的人之一？我们敢打赌，选择信托主管的人要多得多。但外表有时会骗人。

也许，那些聪明而富有的得克萨斯人最好地表达了这一概念，他们将我们的信托主管这类人称为"戴着大牛仔帽但没有牛的人"。

我们从一名35岁的得克萨斯人那里第一次听到这个说法。他拥有一家非常成功的翻新大型柴油机的企业，但开车龄10年的老车，穿着牛仔裤和棉衬衫。他住在中下阶层社区朴素的房子里，邻居是邮递员、消防员和机械工。

在用实际数字证明了财务上的成功后，这位得克萨斯人告诉我们：

> （我的）企业毫不起眼。我不想装样子、摆架子……第一次见面时，英国合作伙伴以为我是卡车司机。他们在我办公室到处看，注意到了其他所有人，就是没注意到我。接着，这群人的头头说："哦，我们忘了这是在得克萨斯！"我没有大牛仔帽，但我有很多实实在在的"牛"。

百万富翁的样子

谁是典型的美国百万富翁？关于他自己，他会告诉你什么？^①

• 我 57 岁，男性，已婚，有 3 个孩子。我们中 70% 的人挣到家庭收入的 80% 以上。

• 我们中约有 1/5 的人已经退休，还在工作的人中约 2/3 是个体经营者。有趣的是，个体经营者在美国劳动者中的占比不到 20%，但占到百万富翁的 2/3。另外，我们中 3/4 的个体经营者自认为是企业主，其余大部分是个体经营的专业人士，如医生、会计师等。

• 我们所处的行业类型多半可算是枯燥又不起眼的。我们是焊接承包商、拍卖师、水稻农场主、移动房屋停车场经营者、病虫害防治师、钱币和邮票商，以及铺路承包商。

• 我们的妻子约半数不出去工作，有工作的人中最多的是教师。

• 我们的家庭年度总实现收入（realized income，应纳税所得）的中位数是 13.1 万美元，我们的平均收入是 24.7 万美元。请注意，我们中 50 万到 100 万美元收入区间（8%）和 100 万美元及以上收入区间（5%）的人拉高了平均数。

• 我们的家庭平均净资产是 370 万美元。当然，我们中某些人的积累多得多。近 6% 的人拥有超过 1 000 万美元的净资产，这些人再次拉高了我们的平均数。典型百万富翁的家庭净资产中位数为

---

① 我们对典型百万富翁的描绘基于对百万富翁家庭的研究，因此在大部分情况下，我们没法确切地说一位典型的百万富翁是男是女。不过，因为 95% 的百万富翁家庭由已婚夫妇组成，而且其中 70% 家庭的男主人挣到至少 80% 的收入，因此我们在本书中一般将这位典型的百万富翁称作"他"。

160万美元。

- 平均而言，我们的年度总实现收入不到我们财富的7%，即我们每年花的钱少于我们净资产总值的7%。

- 我们中绝大部分人（97%）拥有住房，住的房子当前平均价值为32万美元。我们中约半数在同一所房子里住了超过20年，因此收获了相当大的住房增值。

- 我们中大部分人从未因为没继承任何遗产而感到有缺憾，约80%是白手起家的。

- 我们过着远低于收入水平的生活，我们穿便宜的西服，开国产车，只有一小部分人开当年款汽车，只有一小部分人租车。

- 我们的妻子大多会制订计划，精心安排开支。实际上，我们中只有18%不认可"先照顾好自己的家庭，再去考虑如何帮助别人"的说法。我们中大部分人会告诉你，妻子在钱财方面比我们保守得多。

- 我们有"末日基金"，即积累的财富足够在没有工作的情况下生活10年以上，因此我们这些拥有160万美元净资产的人可以舒适地生活12年以上。实际上我们可以支持更久，因为我们会将至少15%的收入存起来。

- 我们的财富水平是非百万富翁邻居的6.5倍以上。但在我们的社区，这些非百万富翁邻居的数量是我们3倍有余。会不会是他们选择付出了财富，以换取能显示出更高社会地位的物质消费？

- 作为整体，我们受过良好的教育，只有约20%不是大学毕业。我们中许多人拥有高学历，18%拥有硕士学位，8%有法律学位，6%有医学学位，6%有博士学位。

- 我们或我们的配偶只有17%上过私立小学或私立中学，但我们的孩子有55%正就读或毕业于私立学校。
- 作为整体，我们相信教育对我们自身、子女和孙辈极为重要，我们在后代教育上花费巨大。
- 我们中约2/3的人每周工作45到55小时。
- 我们是挑剔的投资者。平均而言，我们每年将家庭实现收入的近20%用于投资，大多数人至少投资15%。79%的人有至少一个经纪公司账户，但我们自己做出投资决定。
- 我们家庭财富的近20%是可交易证券，如可公开交易的股票和共同基金，但我们很少卖出持有的股权投资。我们投入养老计划的财富比例更高。平均而言，我们家庭财富的21%投在自有企业里。
- 整体上我们觉得女儿在财务方面不及儿子能干。即使在同一职业类别内，男人挣的钱似乎也比女人多得多，这就是我们大多会慷慨地将一些财富分给女儿的原因。整体而言，男性在经济方面处于比女性有利的地位，我们的儿子也不例外，他们应该不需要父母的补贴。
- 我们的儿女的理想职业是什么？美国约有350万个像我们这样的家庭，而且我们的数量增长远远超过了一般人口的增长。我们的孩子应考虑为有钱人提供某种高附加值的服务。总体上，最受我们信任的财务顾问是会计师，律师也很重要。所以我们向孩子推荐会计和法律。未来15年，税务顾问和财产规划专家也很受欢迎。
- 我是精打细算的人，这正是我为了区区1美元填完一张长长的调查表的主要原因之一。我为什么花费两三个小时接受这些作者的私人访问？因为他们付我100、200或250美元。噢，他们还给出另一项提议——以我的名义将我从访谈中挣的钱捐给我喜欢的慈善机构。但我告诉他们："我就是我自己最喜欢的慈善机构。"

富裕的定义

如果请普通美国人定义"富裕"一词，大部分人会给出与《韦氏英语词典》一样的定义。在他们看来，富裕就是一个人拥有大量物质。

我们给出的定义不同。我们不以拥有物质的多寡来定义富裕、富有或有钱。许多人过着高消费的生活方式，但没有或只有很少的投资、可增值资产、能带来收入的资产、普通股、债券、私有企业、油气资源权益或林地。相反，比起过着高消费生活方式的人，我们定义为富裕的那些人从拥有大量可增值资产中获得更多满足。

富裕的名义定义

我们定义某人是否富裕的方法之一，是以净资产——"奶牛"而非"牛肉"——为基础。净资产定义为某人的资产现值减去负债（不包括投资账户的本金）。本书中，我们将富裕的门槛定为拥有 100 万美元或更高净资产。根据这一定义，美国 1 亿家庭中，只有 350 万（3.5%）称得上富裕。约 95% 的美国百万富翁的净资产在 100 万到 1 000 万美元之间。本书中的许多讨论以美国人口中的这一部分为中心。为什么集中于这个群体？因为这种水平的财富可以在一代人时间内获得，可以被许多美国人拥有。

你该有多富？

确定某人、某个家庭或某个家族是否富有的另一个方法以预期净资产为基础。收入和年龄是一个人该有多少身家的决定因素。一个人的收入越高，预期净资产就越高（假设他还在工作，没有退休）；类似地，一个人取得收入的年限越长，积累起更多财富的可能性就越大。据此，年龄大、收入高的人积累的财富应该多于年龄小、收入低的人。

对于美国大部分年实现收入超过 5 万美元、年龄在 25 到 65 岁之间的人而言，预期财富水平与收入、年龄有对应关系。与同一收入、年龄群体的其他人相比，那些明显高于这一水平的人可以被认为是富有的。

你也许会问：如果一个人，打个比方，身家只有 46 万美元，他怎么可能称得上富有呢？毕竟，他连百万富翁都不是。41 岁的查尔斯·博宾斯是消防员，妻子是秘书，两人的年收入加起来有 5.5 万美元。根据我们的研究，博宾斯先生的净资产应该有约 22.55 万美元，但他的身家在相同收入、年龄群体中遥遥领先，博宾斯夫妇积累起超过平均水平的净资产。据此，他们显然知道如何靠一名消防员和一名秘书的收入生活，同时还有相当多的储蓄和投资。他们很可能过着低消费的生活方式，以这种生活方式，博宾斯先生可以维持他和家人生活 10 年而无须工作。在所属的收入、年龄群体里，他们堪称富裕。

博宾斯夫妇与约翰·阿什顿完全不一样。阿什顿是一名56岁的医生，年收入约为56万美元。阿什顿医生身家几何？他富有吗？根据某个定义，他是富有的，因为他有110万美元净资产。但根据我们的定义，他不算富有。考虑到他的年龄和收入，他的身家应在300万美元以上。

你觉得以阿什顿医生这种高消费的生活方式，如果失业了，他可以维持自己和家庭多长时间呢？也许两年，顶多3年。

如何确定你是否富有？

根据年龄、收入，你现在的身家应该为多少呢？经过对高收入、高净资产人士的多年研究，我们设计了几种基于多个变量的财富等式。然而，在计算某人的预期净资产方面，一个简单的近似度量绰绰有余。

用你的年龄乘以除继承外所有来源的税前家庭年收入，再除以10，得到的数字减去所有继承财产就是你应该拥有的净资产。

例如，安东尼·邓肯先生今年41岁，每年赚14.3万美元，另有投资回报1.2万美元。15.5万乘以41为635.5万，再除以10，那么他的净资产应该有63.55万美元；露西·弗兰克尔女士61岁，年总实现收入23.5万美元，她的净资产应为143.35万美元。

根据年龄和收入，你的现有净资产与预期净资产之间的匹配度如何？你处于财富阶梯的哪个位置呢？如果位于财富积累的顶部25%区域，你就是理财大师；如果你处于底部25%区域，就是理财外行。你是理财大师、理财外行，还是普通理财者呢？

我们还提出另一项简单规则。要想站到理财大师级别的更高位置，你的身家应该有预期水平的两倍。换言之，邓肯先生的净资产应该约为他所属的收入、年龄群体预期值的两倍或更多，即63.55万美元的两倍，127.1万美元。达到或超过这一数值，他就是理财大师；反过来，如果他的财富水平只及相同收入、年龄群体预期值的一半或更低，即仅有317 750美元或更低，他就属于理财外行。

理财大师与理财外行

理财大师是财富大厦的建造者，与相同收入、年龄群体的其他人相比，他们最擅长积累净资产。理财大师积累的财富通常是理财外行的至少4倍，比较理财大师和理财外行的特征是我们过去20年所做研究里最富启示性的部分之一。

两个关于理财大师的案例研究很好地揭示了理财大师和理财外行的区别。50岁的米勒·"布巴"·理查兹先生拥有一家移动房屋经销店，去年的家庭总收入是90 200美元。用财富等式计算，他的净资产应为45.1万美元，但他是理财大师，实际身家达到110万美元。

与之对应的是詹姆斯·福特二世。51岁的福特先生是律师，去年的收入是92 330美元，略高于理查兹先生。福特先生的实际净资产有多少，预期财富水平又该是多少？他的实际净资产是226 511美元，预期财富水平（还是用财富等式计算）是470 883美元。根据我们的定义，他是理财外行。福特先生读了7年大学，怎么可能比一个移动房屋经销商的财富还少呢？但理查兹先生的身家是福特先生的近 5 倍。别忘了，他们属于同一收入、年龄群体。要想回答上述问题，先问你自己两个简单的问题：

- 维持一名律师及其家庭的中上阶层生活方式需要多少钱？
- 维持一个移动房屋经销商及其家庭的中产阶层甚至蓝领的生活方式需要多少钱？

显然，要维持一家人光鲜的中上阶层生活方式，律师福特先生要花掉多得多的家庭收入。什么牌子的汽车与一名律师的地位相称？当然是进口豪华车。谁需要每天换一套高档西服去上班？谁需要加入一家或多家乡间俱乐部？谁需要昂贵的蒂芙尼银器和餐盘？

理财外行福特先生比理财大师有更高的花钱倾向。理财外行重消费，通常入不敷出，而且他们往往忽视构成财富大厦基础的许多重要因素。

靠自己还是靠祖先？

美国大部分百万富翁是白手起家的。出身普通的人怎么可能在一代人时间内成为百万富翁呢？为什么那么多有类似社会经济背景的人从未积累起哪怕一点点财产？

大部分成为百万富翁的人都对自己的能力有信心，他们不费心考虑父母是否有钱，不认为人必须生而富有。相反，如果出身普通的人认为只有富翁才能生出富翁，那么这些出身普通的人注定富不起来。你是不是一直以为，大部分百万富翁是含着金汤匙出生的？如果是，想想我们研究发现的下面这些关于美国百万富翁的事实：

• 只有 19% 的百万富翁获得过来自信托基金或遗产的某种收入或财富。

• 不到 20% 的百万富翁财富中来自继承的比例大于或等于 10%。

• 超过一半的百万富翁从未继承哪怕一分钱的遗产。

• 少于 25% 的百万富翁从父母、祖父母或其他亲属那里接受过大于或等于 1 万美元"善举"。

• 91% 的百万富翁从未收到过哪怕一分钱的家族企业股权馈赠。

• 近一半的百万富翁没有从父母或其他亲属那里拿过哪怕一分钱大学学费。

• 不到 10% 的百万富翁认为他们将来会继承一笔遗产。

对那些希望在一代人时间内积累财富的人，美国依然充满了希望。实际上，对那些相信美国社会制度和经济的流动特性的人，美国一直是一片充满机会的土地。

同样的情况也适用于 100 多年前。在《美国经济》一书中，斯坦利·莱伯戈特回顾了 1892 年进行的一项对 4 047 名美国百万富翁的研究。[①] 他报告说，其中 84% "属于暴发户，在没有继承财富的情况下登上顶峰"。

英格兰规则

美国独立战争前，这个国家的大部分财富掌握在拥有土地的人手里。超过一半的土地要么由在英格兰出生的人拥有，要么由英格

---

① 参见斯坦利·莱伯戈特的《美国经济》，普林斯顿，普林斯顿大学出版社，1976 年（Stanley Lebergott, *The American Economy*, Princeton: Princeton University Press, 1976）。

兰人在美国生出的孩子拥有。现在，这个国家的财富是否有超过一半属于英格兰裔？并不是。关于这个国家的财富的主要误解之一与民族出身有关，许多人认为美国富裕人口主要由"五月花号"乘客的直系后裔组成。

让我们客观审视这个假设，如果"出身国"是解释财富差异的主要因素，会有什么结果？我们应该看到超半数美国百万富翁是英格兰裔。但实情并非如此（见表1-1），在对百万富翁的全国性调查中，我们请答卷人指出他们的出身国、祖籍或民族，结果也许出乎你的意料。

那些自称族裔为英格兰的家庭占全国百万富翁家庭总数的21.1%，英格兰裔家庭占美国家庭总数的10.3%。据此，考虑到英格兰裔在美国总人口中的数量（10.3%与21.1%），美国的英格兰裔百万富翁比预期更普遍。该族裔群体的百万富翁比例集中度为2.06（21.1%除以10.3%），意味着与在美国所有家庭中所占比例相比，英格兰裔成为百万富翁家庭户主的概率要高约1倍。

然而，英格兰裔群体的百万富翁比例在美国算高吗？你会不会认为英格兰裔群体排得上首位？实际上，该族裔群体排名第四。根据我们的研究，在所有英格兰裔中，7.71%的家庭拥有100万美元或更多净资产，而其他一些族裔群体拥有高得多的百万富翁集中度。

英格兰裔群体怎么可能不是百万富翁家庭集中度最高的族裔呢？毕竟，他们属于最早来到新大陆的欧洲人啊。在这片充满机会的土地上，他们抢先占据了经济上的有利地形。在1790年的美洲殖民地，超过2/3的家庭户主是个体经营者。在美国，现在这代人的成就在解释财富的积累方面比过去发生的事更有说服力。重复一下，今天美国 80% 的百万富翁是白手起家的，这些人积累的财富通常会被子女或孙辈挥霍一空。美国经济是流动的。今天，许多人正走在变富的路上，也有许多人正通过挥霍走出富裕行列。

表 1-1　美国百万富翁的前十大族裔群体

户主*1 的祖籍或民族	在全国家庭总数中占比（%）	百万富翁家庭*2 数量	在全国百万富翁家庭总数中占比（%）	在全国百万富翁家庭总数中占比排名	比例集中度：在全国百万富翁家庭中占比 / 在全国家庭中占比	族裔中百万富翁的比例（%）	族裔中百万富翁的比例排名
英格兰	10.3	732 837	21.1	1	2.06	7.71	4
德国	19.5	595 171	17.3	2	0.89	3.32	9
爱尔兰	9.6	429 559	12.5	3	1.30	4.88	7
苏格兰	1.7	322 255	9.3	4	5.47	20.8	2
俄罗斯	1.1	219 437	6.4	5	5.82	22.0	1
意大利	4.8	174 929	5.1	6	0.94	4.00	8
法国	2.5	128 350	3.7	7	1.48	5.50	6
荷兰	1.6	102 818	3.0	8	1.88	7.23	5
原住民	4.9	89 707	2.6	9	0.53	1.99	10
匈牙利	0.5	67 625	2.0	10	4.00	15.1	3

*1 指接受调查的成年家庭成员，受访者自称为家中负责财务决策的人。

*2 指净资产 100 万美元以上的家庭。

成功的族裔群体

如果百万富翁家庭集中度最高的不是英格兰裔群体，那是哪个族裔群体呢？俄罗斯裔排在第一，苏格兰裔占据第二，匈牙利裔排第三。俄罗斯裔群体仅占全部美国家庭的1.1%，但他们占了所有百万富翁家庭的6.4%。我们估计，在每100个俄罗斯裔为户主的家庭中，约22个有100万美元以上的净资产。这与英格兰裔家庭形成了鲜明对比，后者每100个家庭中只有7.71个进入百万富翁行列。俄罗斯裔美国百万富翁群体的总资产有多少？我们估计约为1.1万亿美元，相当于美国所有私人财富的近5%！

我们怎么解释俄罗斯裔美国人的经济产出力呢？总体而言，大部分美国百万富翁是企业管理者或拥有者。俄罗斯裔成为企业管理者或拥有者的比例更高，这种企业主精神也似乎在俄罗斯裔中代代相传。

匈牙利裔群体同样有企业主倾向。该族裔群体只占美国所有家庭的0.5%，却占到百万富翁家庭的2%。比较一下德国裔群体，他们占了美国家庭总数的19.5%，但所有百万富翁家庭中只有17.3%的户主是德国裔，也就是说在德国裔家庭中只有3.3%跻身百万富翁行列。

节俭的苏格兰人

苏格兰裔群体在美国只占家庭总数的1.7%，但占到百万富翁家庭的9.3%。据此，以集中度而言，苏格兰裔群体中产生百万富翁家庭的概率是它在美国家庭总数中占比的 5.47 倍。

以其族裔群体中百万富翁的比例而言，苏格兰裔群体位列第二，20.8% 的苏格兰裔家庭是百万富翁。苏格兰裔群体高排名的原因何在？确实，许多苏格兰人是来到美国的早期移民，但这不是他们经济产出力高的主要原因。别忘了，英格兰人也是早期移民之一，但他们的百万富翁集中度远低于苏格兰人。还要考虑到在美国建国时期，苏格兰人并不具备英格兰人那样牢固的经济地位。仅凭这些事实，你会认为英格兰裔群体应比苏格兰裔群体有更高的百万富翁集中度。但情况正好相反，再说一遍，苏格兰裔群体的百万富翁集中度水平是英格兰裔群体的近 3 倍（5.47 对 2.06）。那么，是什么让苏格兰裔群体脱颖而出？

如果某族裔群体有更高的百万富翁集中度，我们会如何设想该族裔群体的收入特征？我们会预计该族裔群体有同样高的高收入家庭集中度。收入与净资产高度相关，超过 2/3 的美国百万富翁拥有 10 万美元或更高的家庭年收入。实际上，这一相关性存在于几乎所有族裔群体，只有一个例外：苏格兰裔群体。仅凭该族裔群体拥有的高收入家庭数一项，远远无法解释其偏高的高净资产家庭数。高收入苏格兰裔家庭只占到美国所有高收入家庭的 2%，但别忘了，苏格兰裔家庭占美国百万富翁家庭的 9.3%。超过 60% 的苏格兰裔百万富翁家庭年收入少于 10 万美元，再没有其他族裔群体能从这么低的高收入家庭集中度里产生出这么高的百万富翁集中度。

如果收入解释不了美国的苏格兰裔群体的富裕原因，什么因素能说清这一现象呢？有几个基本因素可以。

首先，苏格兰裔美国人通常很节俭。给定某个家庭的收入，其消费水平就有大致准确的相应预期值，苏格兰裔群体成员却不符合这样的预期。平均而言，他们的生活水平远低于所在收入级别的正常水平。他们的日子通常过得非常俭省，一个年收入 10 万美元的苏格兰裔家庭的消费水平，通常相当于年收入 8.5 万美元的普通美国家庭。节俭让他们有了比同等收入的其他族裔群体更多的储蓄和投资，年收入 10 万美元的苏格兰裔家庭，其储蓄和投资水平相当于年收入 15 万美元的普通美国家庭。

　　在后面的章节里，我们将展示典型的百万富翁们报告的购买服装、皮鞋、手表和汽车付出的最高价格。对于每项商品，相当数量的苏格兰裔百万富翁报告的价格低于样本中所有百万富翁的标准。例如 67.3% 的苏格兰裔百万富翁购买的最贵汽车价格低于所有受调查百万富翁的标准。

　　因为积累了财富，苏格兰裔富人有足以传承后代的财富。我们的研究表明，苏格兰人的后代早早实现了经济上和心理上的独立，因此他们通常不会耗光父母的财富。

　　苏格兰裔群体的成员得以将他们节俭、自律、推崇经济成就和经济独立的价值观代代相传。这些价值观也是大部分白手起家的百万富翁的典型特征。

少数族裔

　　在对富裕阶层的研究中，少数族裔群体经常没得到充分代表，然而许多少数族裔的富裕家庭集中度相当高。我们估计，表 1-2 显示的全部 15 个少数族裔群体的百万富翁比例至少是全部美国家庭中百万富翁比例的两倍。所有美国家庭中，只有约 3.5% 跻身百万美元净资产行列，而表 1-2 列出的所有族裔群体的百万富翁比例估计至少比这一数字高 1 倍（所有 15 个群体总计占全部富裕家庭的近 1%）。实际上，令人信服的证据表明，群体规模与其富裕成员比例成反比。平均而言，大的族裔群体包含的百万富翁比例小于小的族裔群体。

族裔群体的成员进入美国的平均年数有何影响？他们进入美国的时间越长，产生数量高于平均比例的百万富翁的可能性越小。为什么会这样？

因为美国是一个以消费为基础的社会。一般而言，某个族裔群体来到美国的平均时间越长，其成员完全融入高消费生活方式的可能性越大。另一个原因是，第一代美国移民通常是个体经营者，而个体经营是与财富正相关的一个主要因素。

这倒不是说，个体经营者与第一代移民可以稳稳进入百万富翁行列，美国大部分个体经营者连一般水平的财富都积累不到，这一点也适用于大部分第一代移民。但如今美国有 2 300 万生于国外的人，这是个巨大的基因池。还请注意，《公司》杂志的 500 强企业家里，12% 是第一代移民。

你也许会以为，这些人的子女、孙辈自然而然地会在经济上比他们更成功。其实不然。我们将在第 5 章、第 6 章更详细地探讨财富代际传递，但请允许我在此解释下，为什么富人子女的经济产出能力常不如上一代。

表 1-2　经济产出能力最强的 15 个少数族裔群体 [1]

家庭族裔	在美国家庭总数中占比（%）	族裔高收入指数 [2]	族裔救济依赖指数 [3]	族裔经济产出能力指数 [4]	族裔经济产出能力排名
以色列	0.03	2.6351	0.3870	6.8095	1
拉脱维亚	0.04	2.4697	0.5325	4.6383	2
澳大利亚	0.01	2.1890	0.5329	4.1080	3
埃及	0.03	2.6546	0.6745	3.9357	4
爱沙尼亚	0.01	1.8600	0.4787	3.8855	5
土耳其	0.03	2.2814	0.6650	3.4305	6
冰岛	0.01	1.8478	0.5600	3.2997	7
叙利亚	0.04	2.1659	0.6698	3.2335	8
伊朗	0.09	2.0479	0.6378	3.2107	9
斯拉夫	0.02	1.2292	0.4236	2.9018	10
卢森堡	0.02	1.1328	0.3992	2.8379	11
南斯拉夫	0.09	1.3323	0.5455	2.4424	12
巴勒斯坦	0.02	1.8989	0.7823	2.4274	13
斯洛文尼亚	0.04	1.0083	0.4246	2.3748	14
塞尔维亚	0.04	1.3184	0.5950	2.2157	15

*1 指根据 1990 年的美国人口族裔调查数据，定居在美国的家庭数量不到 10 万的少数族裔。

*2 例如，以色列裔家庭中高收入（10 万美元）家庭所占比例，是高收入家庭在所有美国家庭中所占比例的 2.6351 倍。

*3 例如，以色列裔家庭接受公共援助的比例是所有美国家庭的 0.3870 倍。

*4 例如，以色列裔家庭的族裔经济产出能力指数（6.8095）是用它的高收入指数（2.6351）除以救济依赖指数（0.3870）。

维克托和子女

以维克托为例，他是成功的企业主、第一代移民，像他这样的企业主的典型特征是节俭、社会地位低、自律、低消费、有冒险精神、工作非常努力。但拥有这些典型特征的人在获得财务成功后会发生什么？他们教给子女什么？会鼓励子女像他们一样，也去从事屋面施工承包、挖掘承包、回收废金属等工作吗？多半不会。不到1/5 的人会那样做。

维克托也不想，他希望子女过得更好。他鼓励子女在大学里多待几年，希望他们成为医生、律师、会计师、高级行政人员……但这样做的时候，维克托实际上在阻止他们成为企业主。他不自觉地鼓励他们推迟进入劳动力市场的时间，当然也在鼓励他们不要采取他这种节俭的生活方式，不要为自己设置一个物资匮乏的环境。

维克托希望子女过得更好，但说这话时他到底是什么意思？意思是，子女应该接受良好教育，有比他高得多的职业地位；另外，更好意味着更多物质享受：豪宅、豪车、高档服装、俱乐部会员。但维克托忘记在这一定义里加入构成他成功的许多基础成分。他没意识到，良好的教育在经济上存在特定的不足之处。

维克托这些接受过良好教育的成年子女已经知道，有过多年大学和专业院校学习经历的人，消费水平应该非常高。现在，他的子女成了理财外行，站到了身为成功蓝领企业主的父亲的反面。他的子女已经美国化了，成了高消费、晚就业的一代。

一个包含成千上万个维克托的族裔群体融入美国文化需要多

少代人？用不了几代，大部分会在一两代人时间内成为"美国普通人"。这就是美国需要源源不断的维克托那样勇敢坚强的移民流入的原因。美国需要这些移民及其直系后代的持续流入，来代替美国的维克托们。

本书作者与托迪和亚历克斯

几年前，有人让我们做一项针对美国富人的研究，雇用我们的是一家大公司的子公司副总裁托迪。托迪是英格兰裔，祖辈在独立战争前就来到这里，后又在宾夕法尼亚州拥有钢铁厂。他们的直系后代托迪在东北部新英格兰地区读了昂贵的私立预科学校，后来毕业于普林斯顿大学，在大学里参加了校橄榄球队。

与这个国家的许多人一样，托迪一直认为富人的财富是继承来的，还相信大部分富人出身英格兰。和我们一起外出调查，见过美国的百万富翁后，他长期秉持的看法有何变化？他见到的大部分接受调查的百万富翁是白手起家，多半不是英格兰裔，通常上的是公立学校，开国产汽车，吃常见的俱乐部三明治而不是鱼子酱。而且不像托迪，他们大多很节俭。

另一件事给托迪上了一堂印象更深刻的课。我们接受委托期间，一名叫亚历克斯的企业主联络了托迪及其母公司的其他高管，目的是想收购托迪的母公司。这位亚历克斯是何方神圣？他父亲是个小企业主，在他出生前从俄罗斯移民来到美国，而他毕业于一所州立大学。托迪问道："这家伙想收购我们公司，而且有那个财力，这怎么可能？"亚历克斯的父亲一语中的：俄罗斯人是最好的马贩子^①。

　　亚历克斯是白手起家的百万富翁，美国成功故事的典型。与之相反，托迪及其同类则是濒危物种，甚至有一天可能会灭绝。这一点尤其适用于那些沉湎于回味祖先如何在很久以前创办钢铁厂、修建铁路和开通驿马快信业务的人。

---

① 原文为 horse trader，引申为善于讨价还价的生意人。——编者注

第2章 节俭、节俭、节俭

他们过着远低于收入水平的生活。

我们首次访问一组身家至少 1 000 万美元的富翁时，过程完全偏离了计划。一家大型国际信托公司委托我们研究富裕人群，希望我们研究高净资产人士的需求。

为了确保受访的千万富翁在谈话期间感觉舒适自在，我们在昂贵的纽约东区租下一套豪华顶层公寓，还雇了两名讲究的美食设计师。他们拼出一份有 4 种法式肉酱和 3 种鱼子酱的菜单，同时建议配上一箱高档的 1970 年波尔多葡萄酒和一箱"极好的"1973 年的赤霞珠葡萄酒。

有了这份自认为很理想的菜单，我们热切地等着千万富翁受访者的到来。第一位前来的受访人是巴德先生，69 岁的他是白手起家的富翁，在纽约州府都会区拥有几处价值不菲的商业地产，还有两家企业。从外表上，你根本看不出他的身家远超千万，可以用平淡乏味形容他的穿着：很旧的西服和大衣。

不过我们还是想让巴德先生觉得，我们完全了解美国千万富豪对食物和酒水的喜好，因此一番自我介绍后，我们中的一位问："巴德先生，来一杯 1970 年的波尔多葡萄酒？"

巴德先生一脸迷惑地看着我们，说："我喝苏格兰威士忌和两种啤酒——免费的和百威！"明白了这位千万富翁话里的真实含义后，我们竭力藏起吃惊的表情。随后的两小时访谈期间，9 位受访的千万富翁不安地在椅子上挪来挪去。他们偶尔会瞄一眼餐点，但没人尝一口肉酱或喝一口葡萄酒。我们知道他们饿了，但他们只吃了些可口的饼干。我们不想浪费，要怎么处理食物和酒水呢？不，我们没必要把它们扔掉。隔壁房间的信托公司管理人员消耗了其中大部分，当然我们两个作者也帮了忙。似乎我们大部分人都是美食家，然而我们谁都不是千万富翁。

财富大厦的基础

今天，我们对富裕阶层的生活方式有了更多了解。近来访问百万富翁时，我们提供与他们的生活方式一致的饮食，如咖啡、软饮料、啤酒、苏格兰威士忌（晚上访谈期间）和俱乐部三明治等。当然，我们也会为一次访谈支付 100 到 250 美元。偶尔我们还会提供额外奖励。许多受访者选择一只硕大又昂贵的泰迪熊作为非现金报酬之一，他们告诉我们，他们的孙子孙女收到大玩具熊会非常开心。

不幸的是，有一些人通过对食物、饮料、西服、手表、汽车等的选择来评判别人，在他们看来，上等人有不同凡俗的消费品位。但购买表现身份的产品容易，真正在经济成就上高人一等就难得多了。将时间和金钱花在追求表面光鲜上，结果常常可以预见：低人一等的经济状况。

哪三个词可以总结这些富人？节俭、节俭、节俭！

《韦氏英语词典》将"节俭"定义为"以耗费较少资源为特点或体现耗费较少的行为"。与节俭相对的是浪费，我们将浪费定义为一种以挥霍和过度消费为特征的生活方式。

节俭是财富积累的基石，然而花钱大手大脚的人往往被大众媒体宣传和炒作，比如我们经常看到的对所谓富豪运动员的轰动报道。当然，这一小部分人里的确有一部分是百万富翁，但如果一名技艺高超的球员每年能挣到 500 万美元，那他有 100 万美元净资产没什么了不起。根据我们的财富等式，一个 30 岁、年收入 500 万美元的人，其身家应超过 1 500 万美元。多少高薪球员能达到这个级别的财富水平？我们相信只有一小部分。为什么？因为其中大部分人过着挥霍的生活方式——只要挣到那么高的收入，他们就能维持这样的生活方式。严格说来，他们也可算百万富翁（至少拥有 100 万美元或更高的净资产），但只能算是理财外行。

美国有多少家庭每年挣到 500 万美元？近 1 亿家庭中不到 5 000 家，大致相当于 1/20000。大部分百万富翁从没有在一年中赚到 500 万的 1/10，他们大多年过半百才成为百万富翁，大多都很节俭。很少有人能在一生之中既维持高消费生活方式，又成为百万富翁。

但电视和报纸宣扬的就是奢侈的生活方式。年轻人耳濡目染的是这样的信念："那些有钱的人花钱都大手大脚""如果你不表现得有钱，你就是没钱"。你能想象出媒体宣扬典型美国富翁的节俭生活方式的情景吗，那会有什么结果？电视没人看，报纸没人读。因为在美国，积累起财富的大部分人工作努力，生活节俭，毫无魅力可言。很少有人是通过彩票中大奖、撞大运或在智力比赛节目中获胜的方式获得财富的，但这些一夜暴富的罕见例子恰恰是媒体的最爱。

许多美国人，尤其是那些理财外行，知道如何使用增长的实际收入：直接花掉！他们太需要即时满足了。对他们来说，生活就像一场智力比赛节目，赢家得到一大笔现金和耀眼的奖品。智力比赛节目的观众对参赛者的得失感同身受，看看这类节目极高的收视率，大家喜欢看自己心理上的替代者赢得汽车、游艇、电器和金钱。为什么智力比赛节目不提供奖学金作为奖品呢？因为大部分人需要即时满足。即使大学学位的价值超过了12辆房车，他们也不愿用1辆房车这样的奖品去换8年的夜校学习。

典型的美国百万富翁的生活方式

观众会喜欢一档关于典型美国富翁的电视节目吗？我们认为不会。为什么呢？我们来剖析一下原因。

镜头对准了典型的百万富翁约翰尼·卢卡斯一家。和大部分富翁一样，57岁的卢卡斯有稳定的婚姻，有一所地方高校的本科学位，拥有一家过去几年来生意很好的小型清洁承包公司。现在，他所有的工人都穿着裁剪得体的制服，包括有公司标记的帽子。

在邻居眼里，约翰尼一家似乎是毫不起眼的中产阶层人士，但约翰尼的净资产超过了 200 万美元。以财产而言，约翰尼家排在他那个"体面社区"所有家庭的前 10%，在全国范围内则位列前 2%。

对荧屏上描述的约翰尼的财富和形象，电视观众会作何反应？首先，观众很可能会感觉一头雾水，因为约翰尼看上去不像大部分人心目中的百万富翁。其次，他们也许会不安，约翰尼的传统家庭观，以及辛勤、自律、奉献、节俭、有着良好投资习惯的生活方式也许会让观众感到有压力。当你告诉普通美国成年人，他们需要削减开支来为将来积攒财富，会发生什么？他们也许将此看成对他们生活方式的威胁。很有可能，只有约翰尼的同类人会观看这样一档节目，它无疑会强化他们对生活的原有看法。

且不管这些担忧，我们假设一个大型电视台同意至少试播一档关于约翰尼的节目。节目会对观众说些什么呢？

> 女士们，先生们，这是约翰尼·卢卡斯，他是百万富翁。我会问约翰尼一些关于他的购物习惯的问题，这些问题来自我们的电视观众。

定制服装还是成品服装？

> 首先，约翰尼，观众 J. G. 先生想知道："你买过最贵的一套衣服花了多少钱？"

约翰尼闭上眼睛，显然在沉思。观众静静地等着，以为他会说"1 000 到 6 000 美元吧"。但我们的研究表明，观众的预期错了。我们预计这位典型的百万富翁会说：

> 最贵的……最贵的……包括我为自己，为妻子琼、儿子巴迪和达里尔、女儿韦琳和金琪买的套装……最贵的是 399 美元。噢，我记得那是最贵的，那是为了一个非常特别的庆祝活动买的——我们的银婚纪念聚会。

观众会对约翰尼的说明作何反响呢？也许是震惊和怀疑。观众的预期与大部分美国百万富翁的现实脱节了。

根据我们最近的调查，典型的美国百万富翁报告说，他（她）从没有为自己或任何人买过一套价格超过 399 美元的衣服。请看表 2-1 中的数据，50% 及以上接受调查的百万富翁曾经买过的最贵套装不超过 399 美元，有约 1/10 的人花了超过 1 000 美元，只有约 1/100 的人花了超过 2 800 美元。相应地，约有 1/4 的百万富翁花费不超过 285 美元，1/10 的人买过的最贵的衣服花了不超过 195 美元。

这些是我们调查的所有百万富翁的数据，记住，有近 14% 的受访者告诉我们，他们的财富是继承的。如果我们将继承人和白手起家的百万富翁分开计算，会发生什么情况呢？白手起家的百万富翁在服装和其他显示社会地位的物品上的花费比继承人少得多。典型白手起家的百万富翁为一套衣服花费的中位数约为 360 美元，而典型继承人报告的花费超过了 600 美元。

表 2-1　百万富翁为服饰支付的费用

衣服			鞋			手表		
最高一笔花费（美元）	支付该金额的百分比（%）		最高一笔花费（美元）	支付该金额的百分比（%）		最高一笔花费（美元）	支付该金额的百分比（%）	
	少于	多于		少于	多于		少于	多于
195	10	90	73	10	90	47	10	90
285	25	75	99	25	75	100	25	75
399	50	50	140	50	50	235	50	50
599	75	25	199	75	25	1 125	75	25
999	90	10	298	90	10	3 800	90	10
1 400	95	5	334	95	5	5 300	95	5
2 800	99	1	667	99	1	15 000	99	1

花这么少的钱，这些约翰尼是怎么过的呢？约翰尼不需要穿昂贵的西服，他不是需要让客户敬畏的大律师，也不必在年度会议上镇住一大群听他发言的股东、财经记者或投资银行家。他不必穿得像个精明强干的首席执行官，不必每天面对一个衣冠楚楚的董事会。然而，约翰尼确实需要给手下那些清洁工员工留下好印象。怎么做的呢？他从不给他们留下这样的印象：他赚了很多钱，有能力花上一两千到五六千美元，让裁缝量身定制合体的西服。

我们过去 20 年来访问的大部分百万富翁都有与约翰尼类似的

观点。那么，都是谁买了那些昂贵的套装呢？我们的调查展现出一个有趣的联系。有价值 1 000 美元服装的人里，年收入在 5 万到 20 万美元之间的非百万富翁的人数，是百万富翁的至少 6 倍。他们的购物习惯当然与不富有的事实有某种联系。这是些什么人呢？他们通常没有自己的企业，更有可能是公司中层管理人员（尤其是夫妻都有工作的情况下）、律师、销售与市场专业人士及医生。

为什么有人建议你在一套衣服上比典型百万富翁花费更多的钱呢？在一篇最近发表的文章里，有昂贵服装的米纳德先生吹嘘说，它们是很好的投资。[①] 他自问自答了关于投资服装的最重要的问题。

> 定制的西服值 2 000 美元吗？我的就值。经过了 14 年，体重增加了 14 磅[②] 后，我穿着它依然很精神……信不信由你，反正我做了一笔很好的投资。

米纳德先生讲述了他最初怎样在两名高管指点下，来到伦敦裁缝街的定制服装店。他觉得那两人"品味高雅"，但购物习惯绝不"浮夸"：

> 他们解释说，"高级定制"就是让我与我的衣服建立特别而亲密的关系。

---

① 参见劳伦斯·米纳德的《你看起来相当富裕，先生》，《福布斯》，1996 年 4 月 8 日（Lawrence Minard, "You're Looking Rather Prosperous, Sir," *Forbes*, April 8, 1996）。

② 1 磅约等于 0.453 千克，14 磅约合 6.35 千克。——编者注

"高级定制"是什么意思？在美国中产阶层群体中，它的意思是量体定做的服装。约翰尼·卢卡斯没买过一件定制西服。他与杰西潘尼商场最优质的纯羊毛西服有没有"特别而亲密"的关系？（得知一些百万富翁在亲民的杰西潘尼商场购物，你是不是很意外？也许更令人意外的是，约 30.4% 的受访百万富翁有杰西潘尼的联名信用卡）杰西潘尼的自有品牌——斯塔福德经理牌西服在耐用性、剪裁和合身度方面获得了一家知名消费类出版物的最高评分：

> 杰西潘尼……的服装经过了配色、缩水、起球……方面的严苛测试。在品控方面，杰西潘尼比其他所有百货商店都严格。[1]

别忘了，蛀虫、烟灰等对衣物有害的玩意儿才不管你的纯羊毛套装花了多少钱呢。它们不明白"高级定制"是什么意思，对狄更斯、戴高乐和丘吉尔也穿过同样牌子的衣服也不感兴趣。它们不管你的衣服能否带来红利和资本收益，但它们无疑可以毁掉你的服装投资组合。

紧接着是鞋类

回到我们提议的电视节目，约翰尼还在台上。他买的是什么样的鞋呢？如果还有观众在看这个节目，他的回答将再一次出乎他们

---

[1] 参见泰莉·阿金斯的《为什么廉价服装日益受宠》，《华尔街日报》，1995 年 10 月 16 日（Teri Agins, "Why Cheap Clothes Are Getting More Respect", *The Wall Street Journal*, Oct. 16, 1995）。

意料。与大部分百万富翁一样，约翰尼也不买高价鞋。约半数接受调查的百万富翁报告说，他们从未在一双鞋上花费超过 140 美元，1/4 从未花费超过 100 美元，只有约 1/10 的百万富翁为一双鞋花费超过 300 美元。如果不是百万富翁，那是什么人在维持高价鞋制造商和销售商的生意？当然，确实有一些百万富翁购买昂贵的鞋子，但最贵的鞋超过 300 美元的人里，非百万富翁的数量至少是百万富翁的 8 倍。

但大众媒体是怎么对我们说的呢？它们大张旗鼓地宣传购买昂贵皮鞋和相关物品的那一小撮美国人。看看这则关于拳击推广人唐·金的新闻：在亚特兰大，他花了两个小时买鞋，其间从一家商店买了 110 双鞋，花了 64 100 美元。这次采购打破了这家商店之前的销售纪录，前纪录保持者是一次花掉 3.5 万美元的篮球明星"魔术师"约翰逊。唐·金创纪录的采购平均到每双鞋的价格为 582.73 美元。他为最贵的一双鞋付了多少钱？据说一双鳄鱼皮乐福鞋花了他 850 美元。①

请注意，我们调查的百万富翁中，仅有 1% 为一双鞋花掉超过 667 美元。唐·金买那么贵的鳄鱼皮鞋，即使在百万富翁中也是很罕见的。然而，大众媒体喜欢鼓吹畸形消费，结果，我们的年轻人得到的信息是，购买昂贵物品对富人是家常便饭。他们受到误导，认为富人过着高消费的生活方式，他们学到了在美国有钱的最大回报是可以挥金如土。

---

① 参见杰夫·舒尔茨的《金在鞋店消费了 64 100 美元》，《亚特兰大宪法报》，1995 年 6 月 4 日（Jeff Schultz, "King Foots $64,100 Bill at Shoe Store", *Atlanta Journal-Constitution*, June 4, 1995）。

为什么约翰尼·卢卡斯无人关注，而唐·金上了新闻头条？因为约翰尼的消费习惯太普通了，相比物质回报，他的回报是无形的：财务自由、自律、养家能手、好丈夫，以及自控能力强的子女。

约翰尼最后的机会

我们提出的关于美国典型百万富翁的电视节目还有生命力吗？约翰尼·卢卡斯还能不能重整旗鼓，赢回失去的观众？

约翰尼·卢卡斯这位富有的企业主非常守时，与人会面从不迟到，每个工作日都在早上 6 点半准时上班。他怎么做到的？那一定与他的手表有关。会不会是约翰尼戴一块昂贵的手表？到这时，你也许已经猜到了答案，观众又一次大失所望。接受调查的百万富翁里，高达 50% 一生中从未买过超过 235 美元的手表，约 10% 的人从未花费超过 47 美元，约 25% 从未花费超过 100 美元。

当然，有些百万富翁购买昂贵的手表，但只是少数。在接受调查的百万富翁里，只有 25% 花费达到 1 125 美元及以上，约 10% 花到 3 800 美元，约 1% 花费超过 1.5 万美元。

我们确信，约翰尼会为他在服装首饰方面的平凡品味向电视观众道歉，但我们也确信，他会报告下述事项来确认其境况：

> 我住着一所漂亮房子……没有按揭贷款。在我的孩子还没上大学前，所有人的大学学费账户就有了充足的资金。

可惜，约翰尼的故事包括他的道歉永远进不了电视台。

约翰尼·卢卡斯何其少

为什么美国的富人那么少？即使年收入达到 6 位数的家庭大部分也都不富有。这些人的生活习惯不同于约翰尼·卢卡斯，他们信奉今天花明天的钱，陷入"赚钱－花钱"的怪圈，很容易债务缠身。在他们中的许多人看来，不展示丰富物质财富的人是不成功的，像约翰尼这样不露富的人就是"劣等生"。

约翰尼不太可能被他的许多邻居高看一眼。在社会地位阶梯上，他甚至低于常人。但以何为标准？在邻居眼中，约翰尼的职业地位低下。他是小企业主。当他偶尔开着一辆清洁货车回家时会发生什么？车在门前车道上一直停到他次日早上离开。邻居会怎么想？他们不知道约翰尼已财务自由。他已婚，没离过婚，全额支付了孩子的大学学费，雇了几十个人，正直，节俭，付清了按揭贷款……但他们不会为这些给他加分。许多邻居宁愿看到约翰尼搬出他们社区。为什么？也许因为他们一家样子不像有钱人，穿着不像有钱人，开的不是豪车，也没有社会地位高的工作。

打好聚财防守仗

对我们调查里的下面 3 个问题，富人通常会回答"是"：
- 你父母非常节俭吗？
- 你节俭吗？
- 你的另一半是否比你更节俭？

最后一个问题耐人寻味。大多数理财大师不仅自己节俭，他们的配偶甚至更节俭。想想典型的富人家庭，近95%的百万富翁家庭由已婚人士组成；在70%的这类家庭中，男性贡献了至少80%的收入，大部分富裕家庭的男性在这个名为"创收"的游戏中打好了进攻仗，创造了比一般家庭高得多的收入。在美国，一般家庭的年实现收入约为3.3万美元。大部分富裕家庭还打好了防守仗，即在消费产品和服务上花费很节俭。然而在已婚人士类别里，一个节俭的高收入者并不自动转化为高净资产人士，其他因素肯定也有。一名白手起家的百万富翁向我们一语道出真谛：

我没法叫我妻子花一分钱！

如果配偶是个浪费的人，大部分人在一代人时间里绝对富不起来。如果夫妻一方消费无度，这对夫妇就积累不了财富，在一方或双方正努力创业时情况更是如此。很少有人能一边维持大手大脚花钱的习惯，一边积累起财富。

献给节俭妻子的颂歌

当一个百万富翁将自己刚刚上市的公司价值800万美元的股票送给妻子时，她的反应如何？按这个已结婚31年的丈夫的说法，妻子说："我很感激，真的很感激。"接着她露出微笑，一如既往地坐在厨房桌前，继续从这周的报纸上剪下25美分和50美分的食品优惠券。没什么大事能打断她星期六上午的家务活。"今天，她只是做着往常做的那些事，还和我们只有一张厨房桌时一样……这就是我们今天过上好日子的原因。婚姻初期，我们放弃了很多……牺牲了很多。"

你会问，为什么你不富有？好吧，让我们看看你的生活方式，你的进攻仗打得好吗？你处于7万、10万、20万美元年收入级别吗？恭喜，你的攻势很凌厉。但你怎么会在这场名为"财富积累"的游戏中节节败退呢？

别欺骗自己，会不会是因为你的防守很糟？大部分高收入者处于同样境况，但大部分百万富翁不是。百万富翁的攻守质量都很高，他们的强大防守（积累更多）经常帮助他们胜过那些进攻仗打得更好（挣得更多）的人。财富大厦的基石是防守，这种防守需要预算和规划的支撑。我们发现，有几个职业群体包含大量预算员和规划师。

富有的拍卖师

我们的最新调查发现，超过35%的拍卖师是百万富翁。这一比例稍高于住在美国市区和近郊最高档住宅区的百万富翁家庭比例。

在年实现收入超过10万美元的职业里，拍卖师排名第六。自我们于1983年开始第一次职业研究以来，他们一直在我们的高产出类型名单上，但吸引我们关注的并不仅仅是他们的收入。在同样收入水平情况下，是住在美国小镇的拍卖师，还是住在市区或近郊某个高级住宅区的什么人会积累更多财富？你也许猜到了，是那位普通的拍卖师。

拍卖师比同样拥有较高职业威望的其他行业的高收入者更节俭，他们在家庭和业务上的日常开支都更低。在某种程度上，小城镇更低的生活成本和经营成本可以解释这些数据。然而即使将生活成本因素考虑进去，拍卖师也更易于积累财富。考虑下面的数据：

- 拍卖师百万富翁的平均年龄约为 50 岁，比市区、近郊的百万富翁年轻 6 到 8 岁。
- 拍卖师百万富翁在住房上的平均花费只有市区、近郊百万富翁的 61%。
- 市区、近郊百万富翁拥有进口豪华车的比例是拍卖师百万富翁的 3 倍多。
- 拍卖师的财富投资于可增值资产的比例高于其他高收入者，而且他们在自己拥有专业知识的领域投资。
- 拍卖师见惯了破产，深知价值 1 美元的消费品到破产时经常只能抵上几美分。一名拍卖师解释了她节俭的原因：

> 年轻时，我见到一个女人坐在她家前庭的一把椅子上……流眼泪。在此期间，竞拍者不断搬走她曾经拥有的一切。我永远忘不了她。

让我们问问白手起家的典型美国百万富翁是怎么打好防守仗的。我们姑且称她为简·鲁尔夫人。鲁尔夫妇有一家小企业—— 一家拍卖与评估公司，他们也投资评估的几类物品。鲁尔先生是公司的经理，公司的成功多半归功于他，毕竟他很健谈，滔滔不绝。但鲁尔夫人是这家企业的真正控制人、幕后大老板，是她的规划、设计、预算、收款和营销，为这家拍卖公司带来了成功。

为什么鲁尔夫妇成了百万富翁？因为鲁尔夫人的防守仗打得极为出色！她负责家庭和生意两方面的预算和开支。你家有人负责预算吗？答案多半是"差不多没有"。大部分人是让收入来决定预算。当我们向听众说到富人的预算和计划习惯时，总是有人会问一个预料之中的问题：为什么一个百万富翁需要预算？我们的回答也始终不变：他们通过预算和控制花费成为百万富翁，他们用同样的方式维持富裕地位。

有时候，我们不得不继续打比方来说明我们的观点。例如，我们会说：

> 你有没有注意过那些天天慢跑的人？他们的样子不像需要慢跑的人，但他们的健康源自慢跑。有钱人努力保持财务健康，财务不健康的人却很少做什么来改变自己的状况。

人人都希望有健康的身体，大部分人知道怎样做才能实现这一点。但虽有那样的知识，大部分人从未拥有健康的体魄。为什么呢？因为他们没有那样做的自制力，不会抽出时间那样做。这就像在美国致富一样。噢，你希望致富，但你的财务防守仗打得一团糟，没有控制花费的自制力，不花时间做预算或规划。请注意，理财外行每月花在锻炼上的时间是花在规划投资策略上的3倍。

鲁尔夫人则不同，她与大部分百万富翁类似，有自制力，花时间做规划和预算，这些都转化为财富。她的家庭收入每年都有变化（拍卖师的现金流通常都有起伏，美国经济的回落常会转化为拍卖服务需求的增长）。过去5年来，她的年收入平均在9万美元上下，但她的净资产一直在增长。今天，她的净资产超过了200万美元。在我们的调查中，对4个关于规划和预算的问题，她都回答了"是"。

你希望致富并且保持住吗？你能不能坦率诚实地对4个简单的问题做出肯定的回答？

问题1：你家有没有年度预算？

你是否每年按衣、食、住分类规划消费支出？鲁尔夫人是这样做的，大部分百万富翁也是这样做的。在最近做的全国性调查中，我们发现百万富翁中做预算的比不做预算的多20%。

我们预计你会问到与这些不做预算的百万富翁有关的问题。他们如何成为百万富翁的呢？他们如何控制开支？他们给自己和家庭成员人为营造出一种紧缺的经济环境，超过半数不做预算的人会先拿收入去投资，剩下的钱才花掉，许多人称此为"自留优先"策略。这些人拿出年实现收入的至少15%去投资，之后才付钱购买食物、衣服、住房以及还信用卡，等等。

那些既不做预算，也不创造相对紧缺环境的百万富翁呢？一些人的大部分或全部财富来自继承。另一些不到百万富翁总数20%的少数派通常挣到非常高的收入，这样在某种程度上，他们高消费之后还能拥有 7 位数的净资产，他们不同寻常的强大攻势抵消了防守的不足。但如果你每年挣 200 万，拥有 100 万净资产，又怎样呢？准确地说，你是百万富翁，但实质上你是理财外行，而且你的百万富翁地位很可能是昙花一现。这些就是你在报纸上读到的人——媒体喜欢宣扬那些性格古怪、花钱如流水的人。

大众媒体会不会哪怕报道一次鲁尔夫人呢？不太可能。谁想读到鲁尔夫人价值 14 万美元的住房和开了 4 年的国产普通汽车？谁想看到她连着 3 个晚上坐在厨房桌前编制全家的年度预算？计算和报告去年花掉的每一分钱，这里有任何兴奋点吗？看着她计算未来的收入并分配到数十个消费类别，你会激动吗？看她仔细完成年度分配日程表，你能忍受多长时间？好吧，这对鲁尔夫人也不是件乐事，但在她心中，还有事情比这更糟，比如永远无法退休或永远做不到财务自由。如果你设想这件工作的长期利益，做预算就容易多了。

问题 2：你知不知道全家每年在衣、食、住上花费多少？

对这个问题，接受调查的百万富翁中 62.4% 的人回答了"是"，鲁尔夫人也是。但只有约 35% 的高收入非百万富翁对这个问题回答了"是"。许多高收入、低净资产人士对自己每年在各个项目上的花费毫无概念。这些项目包括在家消费的食物、外出消费的食物、饮品、生日和假日礼物（送给各类人）、在各个商店购买的各家庭成员的各类服装、婴儿照管费用、日托费用、信用卡额度的使用、慈善捐赠、财务顾问费、俱乐部会费、汽车及相关支出、学费、度假支出、取暖照明费用和保险费等。

请注意我们的清单未包含按揭贷款支出。高收入、低净资产的受访者经常吹嘘他们通过按揭贷款扣除节约了多少税款。当然，大部分在还按揭贷款的百万富翁也利用了这条规定。但他们还记录其他类别的家庭开支。向高收入、低净资产人士讨教他们的目标，他们会告诉你什么？他们经常提到的一个主要目标是尽量减轻税务负担，他们用按揭贷款扣除的方式做到这一点。那么，为什么这些人不计算其他家庭开支呢？那只是因为他们从中看不到任何价值。在他们看来，大部分家庭开支在计算应税所得时是不能抵扣税款的。

但鲁尔夫人有不同看法。她的目标是实现财务自由——在她和丈夫退休时拥有 500 万美元。她相信，预先规划和记录家庭消费直接关系到这个目标的实现。在她看来，罗列汇总有助于控制消费，还减少了将太多金钱分配在无关紧要的产品和服务类别上的可能性。她一直在编制业务支出表，她认识到用于业务记账的系统同样也可用于家庭目的。这是作为个体经营的企业主的一项优势。

鲁尔夫人希望在 65 岁生日前不用再为钱发愁。每次做报表的时候，她就告诉自己，这是在减轻对永远无法舒适地退休的恐惧。谁在担心自己的财务前景？不是鲁尔夫人。虽然年收入仅 9 万美元，但她的身家超过了那个数额的 20 倍，她还掌控着全家的生活开支。

相比之下，罗伯特和朱迪则在担惊受怕，他们也理应如此。这对夫妇每年挣 20 万美元，是鲁尔夫人收入的两倍多，但与今天的许多高收入夫妇一样，他们的身家只及鲁尔夫人的零头。他们感觉被消费控制了，而不是控制着消费。要给每年 20 万美元的开支记账，连鲁尔夫人都会觉得头大。罗伯特和朱迪有 14 张信用卡，鲁尔夫妇有两张（一张业务用，一张家庭开支用）。

让我们来谈谈信用卡。对样本量很大的一群百万富翁问一个关于信用卡的简单问题，结果会让你很好地了解这些百万富翁都是什么样的人。

百万富翁先生 / 夫人：

请在合适的数字上画圈，指出你或任何家庭成员拥有的信用卡，请勾选所有符合的数字。

现在，请闭上眼睛，想象自己是身家近 400 万美元的大富翁，那么哪种信用卡契合你的身份？也许排在你清单顶部的是美国运通白金卡（American Express Platinum）、大来卡（Diners Club）或白卡（Carte Blanche）。也许你认为自己是对时尚敏感的百万富翁，你可以列出来自布克兄弟（Brooks Brothers）、尼曼（Neiman Marcus）、萨克斯第五大道（Saks Fifth Avenue）、罗德与泰勒百货（Lord & Taylor）甚至艾迪堡（Eddie Bauer）的联名信用卡。但如果你列出这些卡，你就是百万富翁里的少数派。我们对百万富翁的全国性调查揭示了一些有趣的信用卡偏好（见表 2-2），有一些有趣的数据结论：

• 与大部分美国家庭类似，大部分富裕家庭有 1 张万事达卡和 1 张维萨卡。

• 百万富翁家庭拥有西尔斯联名卡（43%）的概率是布克兄弟联名卡（10%）的 4 倍。

• 在富人中，西尔斯和杰西潘尼的联名卡比高档零售商的联名卡流行得多。

• 仅 21% 的美国富裕家庭有尼曼联名卡，25% 有萨克斯第五大道联名卡，25% 有罗德与泰勒联名卡，仅 8.1% 有艾迪堡联名卡。

• 只有 6.2% 的受访百万富翁有美国运通白金卡，3.4% 拥有大来卡，少于 1% 拥有白卡。

表 2-2　百万富翁家庭成员拥有的信用卡

（样本量 = 385）

信用卡	拥有率（%）
维萨卡	59.0
万事达卡	56.0
西尔斯	43.0
杰西潘尼	30.4
美国运通金卡	28.6
美国运通绿卡	26.2
罗德与泰勒	25.0
萨克斯第五大道	25.0
尼曼	21.0
布克兄弟	10.0
艾迪堡	8.1
美国运通白金卡	6.2
大来卡	3.4
白卡	0.9

问题 3：你有没有一套明确界定的日、周、月、年和终生目标？

这个问题来自我们十来年前访问的一位千万富翁。他告诉我们，他 19 岁时开始做食品批发生意，未完成正式中学教育，但最终设法拿到了相当于中学毕业的文凭。他从中学辍学，但积累了超过 1 000 万美元的财富，我们请他解释一下这个事实。他的回答是：

> 我一直是目标导向的。我有一套明确界定的每日目标、每周目标、月度目标、年度目标和终生目标，连去浴室都有目标。我一直对年轻经理说，他们必须有目标。

鲁尔夫人也是目标导向的，大部分百万富翁都是。对应每 100 个对此问题回答"否"的百万富翁，就有 180 个回答"是"。回答"否"的是哪些人？上一章讨论过的许多高收入类型和继承财富类型的人，许多已经实现了大部分目标的年长和退休的百万富翁也答了"否"。一位 80 岁亿万富翁的评论可能会引发你的思考：

> 作者：第一个问题总是与目标有关。你现在的目标是什么？
>
> 克拉克先生：昨天的伦敦金价是 438 美元每盎司 ①。

等克拉克先生打开助听器后，我们重复了那个问题。

---

① 此处指金衡盎司，1 金衡盎司约等于 31.103 克。——编者注

克拉克先生：哦，目标，不是黄金……明白了。① 我的目标啊，我已经实现了努力要做到的……长期目标，当然是积累足够的财富，这样就可以丢开企业，享受生活。我已经走完这段旅程……我获得了国际名声，我的公司是世界上最大的焊接公司之一。我从未想过退休，但是现在，我的目标是家庭，是沉浸在对成就的自我满足中。

　　克拉克先生是积累巨万的老年人的典型。顺便一提，在我们访问的所有百万富翁中，只有两个人说他们的目标是"在我死的那天花掉最后一分钱"。

　　克拉克先生和鲁尔夫人都没有这样的目标。鲁尔夫人计划给所有孙辈留下教育信托基金，还要享受现在和退休后的生活。她想要财务保障，财务目标是积累 500 万美元。她知道要实现这一目标，每年需要存多少钱。

　　她快乐吗？这是一个我们经常被问到的关于节俭的百万富翁的问题。是的，鲁尔夫人很快乐。她的财务基础非常牢靠。她享受着亲密的家庭生活，家是她的一切，她的生活和目标很简单。在与家庭和业务之需相关的一些方面，她会咨询一位注册会计师，但她不需要对方为她做目标规划。但高收入、低净资产夫妇罗伯特和朱迪迫切需要一个强大聪明的导师，需要一名注册会计师。这名注册会计师应该在改变客户方向上经验丰富，将帮助他们改变家庭环境，从混乱和挥霍无度转为目标导向的规划、预算和控制。那时候他们

---

① 在英语中，"目标"（goal）与"黄金"（gold）发音相近。——编者注

会快乐吗？我们不知道，但我们可以这样告诉你：财务自由的人比相同收入、年龄群体内那些财务地位不牢靠的人更快乐。

财务自由的人似乎更容易设想树立目标带来的长期好处。例如，鲁尔夫人会设想她的所有孙辈从大学毕业，设想他们大学毕业后的成功。即使将来失能残疾，她也从未想过在财务上依赖他人。在这个方面，她的目标与大部分百万富翁是一致的。

问题 4：你是否花费很多时间规划财务前途？

对应每 100 个回答"否"的百万富翁，有 192 个回答了"是"。许多答"否"的人要么是财富积累水平相对较低的高收入类型，要么是全部或大部分财富来自继承的人，要么是富有的老年人或已退休人士。

鲁尔夫人这类人准确地将自己归入计划周详的一类。受访者对这个问题的回答与他们分配给规划财务前景的实际时间高度相关。平均而言，百万富翁每月花在研究和计划未来的投资决策、管理当前投资方面的时间，比高收入的非百万富翁多得多。第 3 章详细讨论了他们分配给资金规划和资金管理的时间。

像鲁尔夫人这样的百万富翁不仅比非百万富翁花更多时间来规划资金使用，而且似乎从花在规划上的这些时间中收获更多。记住，鲁尔夫人不仅经营拍卖业务，其工作还包括给她公司拍卖的物品估价。她经常投资于这些她拥有丰富专业知识的领域，在这个方面，她与许多百万富翁一样。他们聪明地分配时间，这样可以同时规划商业和个人投资。我们经常发现，业务能力突出的拍卖师也是优秀的投资人。以一名专门拍卖商业地产的拍卖师为例，他会对哪个投资领域了如指掌？商业地产。他是自己的投资分析师。如果你的拍卖专长是古董家具和美国枪支又如何？你应该投资高科技股票吗？也许不。用你的专业知识来做投资才是明智之举。如果你精通古董，为什么不用上这些知识呢？

要从你的知识中获益，你不必非得是一名拍卖师。我们的一个同事以前是一家大公司的战略规划负责人，他的工作之一是研究多个不同商业类别的各种趋势。多年前，他发现对投资级棒球卡的需求未来可能会爆发，这还是在市场反应出这一趋势之前很久。他在他所谓的"市场沉睡期"重仓买入，后来在市场顶峰卖出所有持仓——包括棒球明星的新秀卡。另一位熟人是百货商店经理，他一直研读商业期刊，学习如何提高商店的销售额，后来利用这个阅读习惯投资零售领域的高增长股票。

非百万富翁分配在规划和管理上的时间有多少？很不够！正如前述，远少于百万富翁。虽然百万富翁在投资决策方面的经验更丰富，他们依然争取成为更优秀的投资人，为此比非百万富翁投入了多得多的时间，这是百万富翁守住财富的主要原因之一。

鲁尔夫人这样的企业主当然拥有比非个体经营者更多的自由，她能够将业务知识用在个人投资习惯的养成上，可以选择商业领域，选择想研究的领域。雇员多半没有这样的奢侈条件。而有些人即使拥有大量关于绝佳投资机会的知识，往往也没有好好利用。看看下面的例子：

• 一个卓有成效的销售专家威利斯先生为沃尔玛供货超过 10 年，在此期间沃尔玛一直在飞速成长，股价不断走高。这位有 6 位数年收入的销售专家买了多少沃尔玛股票呢？零。是的，尽管他对客户的成功有相当多的第一手知识，而且还有 6 位数的年收入。不过在此期间，他倒是隔年就买一辆进口豪华车。

- 营销经理彼得森先生在高科技领域工作，收入很高，但从未在微软或任何一家高增长公司上投过一分钱，从来没有，尽管他对科技行业的许多公司有相当多了解。

- 一家印刷企业的老板有个客户是美国最大的饮料公司之一，这个客户每年从他那里采购价值数百万美元的印刷业务。他在该客户的股票上投资了多少钱？零。

这 3 个例子里的人都比鲁尔夫人挣得多，但没有一个是百万富翁。实际上，营销经理彼得森先生的股票投资为零，他的收入没有一分钱拿去投资。但他住着 40 万美元的房子，邻居则是背负更多按揭贷款的高科技领域里"戴着大牛仔帽但没有牛的人"。许多高收入、低净资产类型的人是没有存款的，很担心宏观经济突然下滑。

理财外行

什么在驱使着西奥多·"特迪"·弗兰德？为什么他工作这么努力？他为什么要赚那么多，花那么多？特迪会告诉你这是因为他有竞争力。但几乎所有顶级销售人员都是如此，竞争力并不是他行为的最重要原因。

小时候，弗兰德一家是某个蓝领住宅区里最穷的家庭之一。他家的小房子是用废旧木料和类似的废旧材料盖的。直到上中学前，都由父亲为他理发。虽然省了钱，但根据他的说法，大部分人都看得出他的发型出自业余理发师之手。

他上的公立中学有社会经济背景各异的学生，其中许多来自上层家庭。学校里有足够多的"富孩子"，他们的漂亮汽车摆满了学校停车场，总是让他很惊讶。中学期间，他家有一辆汽车，一辆很旧的福特，父亲买来时车龄已经有 10 年了。

中学时代，弗兰德先生暗暗发誓，他将过上比父母更好的生活，那在他心里意味着在高级住宅区有漂亮房子，全家人穿得非常体面，有高级轿车、俱乐部会员和从最好的商店买来的物品。他认识到，找到一份高收入的职位，努力工作，就能过上"更好的生活"。

他从未将这一目标与财富积累画等号，过上"更好的生活"意味着通过炫耀高档物品来展示高收入。他从没重视过建立投资组合的好处。对他而言，高收入是克服社会自卑感的途径，是努力工作的结果，而资本收益形式的收入不在他的词典里。

弗兰德先生的父母完全不懂得存粮备荒。他们的财务计划非常简单：有钱就花，没钱就停止消费。如有需要，如添置洗衣机或修缮屋顶什么的，他们就存点钱，但也分期付款买了很多东西。他们从未有过一分钱股票或债券，也从没为投资目的存钱，不理解也不信任股市。这对夫妇仅有的真正财富是一小笔养老金和非常简陋的住房的净值。

今天，他们的儿子需要弥补低收入阶层出身和他感觉到的教育上的不足。弗兰德先生没读完大学，现在仍觉得一定要做得比所有与他有竞争关系的大学生更好。他会告诉你，他喜欢把所有在他的领域内的大学生比下去，他要穿更好的衣服，开更好的车，住更好的房子……过得比他们更好。

弗兰德先生是消费狂，有两艘游艇、一艘摩托艇和6辆汽车（两辆租的，4辆贷款买的）。有趣的是他家只有3人开车。他是两家会员制俱乐部的会员，戴一块价格超过5 000美元的手表。他在最好的商店买衣服，还"拥有"一套度假公寓。

去年，他的收入约为22.1万美元。考虑到他现在48岁，他的预期净资产是多少？根据我们的财富等式，他的身家应为1 060 800美元（预期净资产＝年龄 × 总年收入的10%）。他的实际净资产是多少？不到预期值的25%。

实际净资产怎么会不到预期值的25%呢？答案在于他的思维方式。他的生活动力不在财富积累。有趣的是，他坚信如果自己真正富有，就不会是顶级的高收入者。他经常说出身富裕家庭的人很少有动力在工作上创造佳绩。

弗兰德先生找到了一个方法来维持甚至强化工作动力，让自己做得更好。他发现恐惧是很大的驱动力，因此贷款购买了越来越多的东西，通过提高负债额，相应地，会计师对违约的那种恐惧也在他身上累积。反过来，债务恐惧的水涨船高促使他更积极努力地工作。对他而言，一所大房子是在提醒他有一大笔按揭贷款要还，需要做得更好。

他并非在所有产品和服务类别上都挥金如土。问问他把多少钱用在财务顾问上，在这个类别上，他对价格非常敏感。例如，他对会计师的选择几乎纯粹基于会计师的收费而非质量。他一直认为，会计师提供的服务质量都差不多，只是收费不同而已，于是他找了个收费低廉的会计师。形成鲜明对比的是，大部分富人觉得财务顾问是一分钱一分货。

弗兰德先生花在工作上的时间相当多，但依然不断担心会失去他所谓的竞争优势。他担心自己有一天会不想去胜过富家子弟、大学生。不断提醒自己出身低微，也没有不可或缺的大学学历，他不断地折磨自己的内心，认为自己的出身比竞争对手——那些非常自信的大学生要低。看到对手在工作中差到离谱的表现，他经常奇怪他们怎么会那么自满。

弗兰德先生从未真正享受过生活。他拥有许多高档玩意儿，然而他工作太努力，工作时间太长，根本没时间去享受。他也没有时间照料家庭，每天天不亮就出门，难得赶回家吃顿晚饭。

你想不想做弗兰德先生？他的生活方式对许多人很有吸引力。但如果这些人真正了解他的内心活动，也许会有不同的评价。弗兰德先生已经被物欲控制了，他为物质工作，动力和思想都集中在经济成功的象征上。他不断地需要别人相信他的成功。不幸的是，他从未让自己相信。本质上，他工作、赚钱、献祭自己，都是为了他人的评价。

这些因素构成许多理财外行的思维基础。理财外行多半让"重要他人"[①]决定他们的理财方式。重要他人又叫"参照群体"，有趣的是这些重要他人其实多半是想象出来的。你是否受到重要他人驱动？也许你该改弦更张，考虑采取另一种生活方式。

是不是所有出身低微的高收入者都注定会成为理财外行？他们会不会最终都走上弗兰德先生那条路？当然不是。除了弗兰德先

---

① 心理学和社会学中的一个概念，指在个体社会化、心理人格形成的过程中具有重要影响的人，一般为父母、老师、朋友或偶像。——编者注

生自己感觉的社会地位和教育缺陷外，一个根本原因解释了他为什么会成为理财外行：父母教给他理财外行的生活方式。虽然收入微薄，他的父母却并不节俭。他们花掉几乎全部收入，是消耗资源的专家：任何即将到来的收入增长都立即标上了消费用途，连预期的所得税退税都被分配用于消费——早在收到退税款前很久。他们的消费行为影响了儿子，不断向他发出这样的信息：挣钱就是为了花钱。要花大钱，得挣大钱。

弗兰德一家的生活

弗兰德先生的父母是怎么花钱的呢？他告诉我们，他们从结婚以来就大吃大喝，无节制地抽烟、购物。家里永远堆满了食品，他们囤积零食、生肉、熟肉和冰淇淋等甜食。连早餐都很丰盛，熏肉、香肠、炸土豆、鸡蛋、英式松饼和丹麦酥皮饼是早上的基本食谱。牛排和烤肉是最受欢迎的正餐食品，弗兰德一家从未缺过一顿饭，邻居和亲友是常客，他们称他家为"弗兰德餐厅"。每天他父母一共要抽掉约3包烟，平常一周要喝掉两箱啤酒，遇上节日，食物、烟草和酒精的消费还会大量增加。

购物和消费是弗兰德一家的主要爱好，购物是为了开心，而不是需要。大部分星期六，他们会从早上一直买到午后，先买食品，再花上无数小时在折扣店采购。弗兰德先生指出，"他们买的大部分玩意儿都是垃圾"。

他母亲是折扣店购物狂，有大量采购的强烈癖好：小块装饰地毯、烟灰缸、麦乳糖、焦糖爆米花、各种颜色和风格的毛巾、休闲鞋、木碗、炊具……许多物品被囤起来，有时放上几年才会用到。他父亲也以购物为乐，每个星期六会花上几个小时购买各种工具和五金器具，大部分情况下这些物品很少使用甚至根本没用过。

显然，弗兰德先生的父母是理财外行，他从小耳濡目染。但是，如今他挣到比父母高得多的收入，为什么还是理财外行呢？因为这份收入本身也是父母言传身教的结果。父亲一直让他找收入潜力高的工作，这样才买得起世界上的好东西。父亲的信息很清楚：要买豪宅、豪车、华服，你得有大笔收入。弗兰德先生发现，销售职业的几个领域有极好的收入机会，要花大钱，他得先挣大钱。没人提到存钱投资的价值，他的收入就是为了花，买大件时他就大量借贷。

弗兰德先生和父母根本不明白通过投资积累财富有什么好处。他多次告诉我们"不可能"。他没有一分钱可用于投资！一个收入是普通美国家庭6倍的人怎么可能没钱投资？每年他在子女的私立学校和大学学费上的支出，甚至比一个普通美国家庭的年收入还多。他拥有的汽车加起来价值超过了13万美元，每年支付的财产税超过1.2万美元，每年要偿还的按揭贷款总额超过3万美元，有好几套西服的价格超过1 200美元。

但比消费需要更重要的因素是，他感觉不到投资有什么好处。他的父母根本不了解投资资产，他也是。父母将这份无知传给了他。

他争辩说，父母收入微薄，没钱投资。让我们看看这个观点。他父母每天抽3包烟，成年后一共抽掉多少包烟？一年365天，他们一年大概抽掉1 095包。他们抽了大概46年，总计抽掉50 370包烟。他们为这些烟付了多少钱？约33 190美元——超过了他们买房子的价格！他们从未考虑买烟花费多少，认为这样的购买是小花费。但经年累月，小花费成了大开支，假以时日，定期小额投资也会成为大投资。

如果弗兰德夫妇将一生中抽烟的花费投在股市（指数基金）上，会有什么结果呢？价值会有多少呢？近10万美元。如果购买一家烟草公司的股票又会如何呢？如果这46年来他们一直购买菲利普·莫里斯公司（Philip Morris）的股票，从不卖出，将分红继续投资，而不是抽菲利普·莫里斯公司的香烟，会怎样呢？到第46年末，这对夫妇将会有一个价值超过200万美元的烟草投资组合。但是像儿子一样，这对夫妇从没想到那点"零钱"会变成巨大财富。

仅仅凭借行为上的改变即可使弗兰德夫妇跻身百万富翁行列。考虑到微薄的收入，他们也将成为理财大师。如果有人教过他们财富增值的数学道理，生活也许完全不同，但是没人告诉过他们，因此难怪他们没能将投资的好处教给儿子。但他们确实叫儿子不要抽烟，父亲告诫道："永远不要点上第一支烟。我上了瘾，戒不掉了。"儿子听从了这一建议。

改掉理财外行的习惯

弗兰德先生有能力支持他的生活方式多久？如果今天失业了，以现在的财富水平，他能维持多久？只有约一年，难怪他工作这么努力！考虑到现在的情况，他永远无法舒适地退休。虽已年近半百，他还没为自己弄明白这个问题。但也并非全无希望，他依然可以积累起财富。

我们发现，将下面这个浅显的真相告诉理财外行经常是有用的："弗兰德，你的身家不及与你相同收入、年龄群体的预期值的一半。"这样的消息可以激励那些好胜的理财外行。听说掉到相同收入、年龄群体的底部 25% 区域，他们会作何反应？一些人不肯相信，而许多人想改变，但不知如何改变。一个当了 20 多年理财外行的人该如何改变呢？

首先，他们要真正希望改变。其次，他们可能需要一些专业帮助。比较理想的做法是找一个提供财务规划的注册会计师，这类专业人士在改变理财外行方面应该有丰富的经验和成绩，即他们在帮助弗兰德先生这类人向理财大师类型转化方面应该有良好的过往记录。

在极端情况下，注册会计师、财务规划师实际上控制着客户的购买行为。他首先审计客户过去两年来的消费习惯，分类列出每个项目，接着在商量后将客户纳入一个"突然强制戒断"的计划，这意味着随后一两年里所有消费项目都要至少削减 15%，其他削减措施紧随其后。在某些情况下，会计师或财务规划师甚至会保管客户的支票簿，签发所有支票，支付所有账单。"即时"削减对大部分理财外行都非易事，但有时候这是解决问题的唯一方式。

终极支出类别——所得税

在我们的调查中，一个典型百万富翁每年的总实现收入不到资产的7%。这意味着他财富的不到7%需要缴纳某种形式的所得税①。在我们最近对百万富翁的研究中，我们发现这一比例为6.7%。百万富翁知道，他们花得越多，需要的实现收入也越高；收入越高，他们付出的所得税也越多。因此百万富翁和未来很可能致富的人遵循一项重要规则：

要积累财富，尽量减少应税实现收入，尽量增加未实现收入（没有现金流的财富、资本增值）。

所得税是大部分家庭最大的一笔单项年度支出，征税只针对实现收入，不针对财富和未实现的财富增值。"未实现"是指增值没有带来现金流。

这给我们传递了什么信息？甚至许多高收入家庭的资产也不充裕。一个原因是他们为了支撑高消费生活方式，尽量提高了实现收入。这些人也许想问自己一个简单的问题：一家人能不能依靠家庭财富的6.7%生活？致富需要很强的自律。我们访问过许多身家二三百万的人，他们的年度家庭总实现收入不到8万美元。

普通美国家庭每年的实现收入有多少呢？约3.5万到4万美元，相当于其净资产的大约90%。结果就是，普通美国家庭每年支付相当于超过其总财富10%的所得税。我们调查的百万富翁的情况呢？平均而言，他们每年交的所得税相当于总财富的2%多一点儿，这就是他们维持财务自由的原因之一。

---

① 美国私人财富的价值超过了22万亿美元。所有百万富翁拥有该数额的一半，即11万亿美元。据估计，同一时期美国总个人实现收入约为2.6万亿美元，百万富翁仅占到这一收入的约30%，即0.78万亿美元。这意味着整体而言，百万富翁每年的实现收入相当于其总财富的7.1%（0.78万亿美元收入÷11万亿美元财富 = 7.1%）。

莎伦和芭芭拉

莎伦是一名收入很高的保健专家。最近,她问我们:"我在收入方面挣那么多,但在财富方面积累怎么会那么少呢?"

去年,莎伦的家庭总实现收入约为 22 万美元(见表 2-3),据此跻身美国所有家庭的前 1%,但莎伦的家庭净资产约 37 万美元。虽然收入高于 99% 的美国家庭,她的身家远远低于应有的水平。以她 51 岁的年龄和 22 万的年收入,根据财富等式(预期净资产 = 年龄 × 收入 ÷10),她的身家该有约 112.2 万美元。

为什么莎伦积累的财富水平远低于正常值?因为她的实现(应税)收入太高。去年,她为 22 万美元收入付出 69 440 美元联邦所得税,相当于她总资产的 18.8%。以评论非常精辟的前棒球明星尤吉·贝拉的口吻说,也许是:"莎伦,你发不了财,你的收入太高了。"

我们相信,莎伦这个收入、年龄群体的一个普通人付出的年度联邦税仅相当于其财富的 6.2%(69 440÷1 122 000)。因此,莎伦 18.8% 的税负财产比是同收入、年龄群体普通人的 3 倍。

换个角度看,莎伦的年实现收入相当于 37 万美元总净资产的 59.5%。当一个人每年的应税收入相当于其财富的近 60%,怎么可能真正富起来?与莎伦一样收入、年龄群体的普通人的年实现收入仅相当于其净资产的 19.6%,据此在其净资产中每 5 美元只有约 1 美元需要交所得税。

资产水平高于平均的人又是什么情况,相当于他们净资产的多大比例需要交税呢?芭芭拉是理财大师中的普通一员。她的年实现收入与莎伦大致相当——22 万美元,但净资产约为 355 万美元。据此，仅相当于她资产的 6.2% 需要交联邦所得税。税款占她财富的百分之几？约 2%。形成鲜明对比的是，莎伦付出了相当于总资产 18.8% 的联邦所得税，这个比例是芭芭拉的 9 倍多。

典型美国百万富翁的年实现收入远少于净资产的 10%。虽然坐拥大量财富而且财富每年大量增长（以未实现收入形式），典型百万富翁个人的现金却可能并不充裕。芭芭拉年实现收入的超过 20% 投资在金融资产上，它们的价值趋向增长，但不会带来实现收入。反观莎伦，她的实现收入用于投资的不到 3%，大部分金融资产处于流动状态。

莎伦的经济状况就比较危险了。她是养家主力，其家庭只有很少的投资收入，如果她被解雇，会发生什么呢？如今年薪 20 万美元的工作不会太多。而与莎伦相反，芭芭拉的生意有超过 1 600 个客户——相当于 1 600 个收入来源，相比莎伦而言风险小得多。如果没了收入来源，莎伦维持不了 6 个月，但芭芭拉可以轻松维持 20 年或更久。实际上，仅凭来自金融资产的收入，芭芭拉就已经可以退休了。

理财大师芭芭拉只是今日美国超过 350 万名百万富翁中的一个，超过 90% 的百万富翁拥有的净资产在 100 万到 1 000 万美元之间。这些富翁与超级富豪又有何差异呢？数据表明，一个人的净资产越高，在尽量降低实现收入方面做得越好。超级富豪之所以成为超级富豪，正因为他们在降低实现收入方面是大师。

表 2-3 美国纳税人比较

家庭	家庭年度总实现现收入（美元）	家庭净资产（美元）	实现收入净资产比（%）	联邦所得税（美元）	税负收入比（%）	税负净资产比（%）	财富积累等级
普通高收入家庭	220 000	1 122 000	19.6	69 440	31.6	6.2	普通理财者
莎伦家庭	220 000	370 000	59.5	69 440	31.6	18.8	理财外行
芭芭拉家庭	220 000	3 550 000	6.2	69 440	31.6	2.0	理财大师
罗斯·佩罗家庭	2.3亿	24亿	9.6	1 950万	8.5	0.8	理财大师
普通美国家庭	32 823（平均值）	36 623（中位数）	89.6（平均值）	4 248（平均值）	12.9（平均值）	11.6（平均值）	理财外行

超级富豪如何保持富裕，甚至逐年提高财富水平？罗斯·佩罗是一个完美例子。《福布斯》杂志最近估计，佩罗先生的净资产为24亿美元。[1]"推动税收公正的公民"（Citizens for Tax Justice）是总部位于华盛顿的一个税收改革团体，它估计，佩罗在1995年的年实现收入约为2.3亿美元。据此，他实现了相当于其财富9.6%的收入，但只支付了1 950万美元税款，即收入的8.5%。[2] 请比较这一数字与芭芭拉、莎伦和同收入级别许多人付出的占收入31.6%的税款（见表2-3）。

佩罗先生最终支付的税款占收入的百分比怎么会这么小呢？根据最近报纸上的一篇报道：

> 佩罗……通过大量投资于免税的市政债券、可避税的房地产及不带来实现收入的股票，尽量降低税负。[3]

值得特别关注的是，佩罗的税负占收入的百分比（8.5%）低于普通美国家庭的平均占比。美国普通家庭平均每年支付4 248美元联邦所得税，相当于他们的年实现收入32 823美元的12.9%。以积

---

① 参见兰德尔·莱恩的《罗斯·佩罗的真实身价有多少》，《福布斯》，1992年10月19日（Randall Lane, "What's Ross Perot Really Worth", *Forbes,* October 19, 1992）。

② 参见伊丽莎白·麦克唐纳德的《佩罗如何将他增长的税款限制在8.5%》，《金钱》，1994年1月（Elizabeth MacDonald, "How Perot Caps His Rising Taxes at Only 8.5%", *Money*, January 1994）。

③ 参见汤姆·沃克的《佩罗的税率低于大部分人》，《亚特兰大宪法报》，1993年12月30日（Tom Walker, "Perot's Tax Rate Is Lower Than Most, Magazine Says", *Atlanta Journal-Constitution*, Dec. 30, 1993）。

累的财富计算，佩罗是超级富豪，但他为每 1 美元财富所支付的税款比普通人还低。

比支付的税款占收入百分比更值得关注的是，税负与财富的比例。一个普通美国家庭包括房屋净值的净资产是 36 623 美元，付出的所得税相当于净资产的 11.6%。亿万富翁佩罗先生情况如何呢？据估计，他在一年内付出的税款仅相当于财富的 0.8%。如果按支付的所得税与净资产的比例算，普通美国家庭的税负是他的14.5 倍。

大部分百万富翁以净资产而不是实现收入来衡量他们的成功。对财富积累而言，收入的重要性没那么高。一旦进入高收入范围如年收入 10 万美元、20 万美元或更多，相比赚得更多，更重要的是如何经营已有的资产。

为税务官打工

假设你是鲍勃·斯特恩先生，一个为美国国家税务局工作的学者。一天上午，上司约翰·扬先生把你叫到他办公室，分配了一项任务：帮助他深入理解收入与财富的关系。

扬：鲍勃，我一直在读关于百万富翁数量增长的报告。

斯特恩：是啊，我桌上有一堆关于同样话题的文章和剪报。

扬：嗯，问题就在这里。富人的数量一直在飞速增长，但我们从大量富人身上征到的所得税却没跟上步伐。

斯特恩：我在什么地方读到，这个国家最富有的 3.5% 家庭占到私人财富的一半以上，但这同一帮家伙只占收入的 30% 以下。

扬：我希望国会睁开眼，这个国家需要的是财产税。甚至在《圣经》记载的时代，富人还得每年拿出财富的 10% 来交税。现在，我将那称为终极税收改革。

斯特恩：我明白你的意思，但我们迟早会逮到他们。别忘了，谁也逃不掉——死亡和税收。

扬：遗产税领域不是你的专长，鲍勃，你在这个问题上有些天真。你想的是，通过向这个国家的所有百万富翁征收遗产税，我们最终会拿走他们财富的很大一块。

斯特恩：死神站在我们一边。

扬：但不够快，鲍勃，只要想想这个国家所有百万富翁中的大部分拥有某种类型的企业，几乎全部拥有股票。这些家伙怎么处理他们的钱？他们守着它，或者重新投到他们的企业里。他们抱着所有那些一直在升值的股票。

斯特恩：但在死神面前会如何？

扬：我们这样看，鲍勃，我们经常看关于 100 万美元及以上水平的遗产报告。去年，这样的报告只有 2.5 万例。但是鲍勃，在这期间，美国有 350 万活蹦乱跳的百万富翁。这意味着死神只抓走了 0.7%。真实的数字应该比这高一倍。你知道许多百万富翁怎么做的吗？在死神来临前，他们摇身一变，简直像魔术。

斯特恩：怎么做到的？他们不可能凭空消失，是不是在死神光临前出国了？

扬：移民不是一个重要因素。但如果我们发现，"BR"，一半的百万富翁变身为非百万富翁，我不会觉得奇怪。

斯特恩：你说的"BR"是什么意思？

扬：这是我们的内部用语。"BR"是"Before the Reaper"，意思是"死神来临前"，反义词是"AR"（After the Reaper），意思是"死神来临之后"。看看这个案例。这是个女的，露西女士，就在死前一年还有700万美元。她靠养老金生活，一生中没卖出过投资组合里的任何股票。从70岁到76岁生日的短短6年间，她的财富增长了1倍。但我们从中得到了多少？在所得税方面，几乎为零。本质上，她的投资组合没有任何实现收入。我痛恨未实现的收入。

斯特恩：你说得对。这是个狡猾的对手。但是死神……逮到她了，对吧？死亡和税收。

扬：错了，鲍勃。她去年死的。你知不知道死神最终现身时她的净资产有多少？不到20万美元，没有遗产税。又一个没留下可征税遗产的百万富翁走了。有时候，我真希望自己在别的行业工作，我们的敌人正节节胜利。

斯特恩：她的钱去哪儿了？

扬：她给了她所属的教堂、两所大学和十几个慈善组织，还给了子女、孙辈、侄子侄女、外甥外甥女每人1万美元，她是真正的乡巴佬——一大堆亲戚，像许多山民一样。

斯特恩：那我们最后得到了什么？

扬：你没认真听，鲍勃，我们，这个政府，什么也没得到！你能相信吗？她自己的政府。美国根本没有公正可言，我们需要财产税。

斯特恩：嗯，听上去她是个很好的人，捐那么多钱给教堂、大学和慈善组织。

扬：鲍勃，你该感到羞愧。她和她的同类是我们的敌人。美国需要他们的财产来维持政府运转，我们需要她的钱来偿付联邦债务，我们需要拨款给我们的所有社会项目。

斯特恩：也许她觉得，教堂、大学和慈善组织也有需要。

扬：鲍勃，你太天真了，这个女人是外行。她有什么经验来分配她的财产？我们是她的政府，是财富二次分配的专家，应该由我们来决定财富分配到哪里、如何分配，我们是专业人士。我们得在所有百万富翁变身为非百万富翁前开始对财富征税。

斯特恩：那么我们在报纸上读到的那些名人呢？那些收入非常高的家伙。

扬：上帝保佑他们，鲍勃，他们是我们最好的客户。我爱高收入的人，实现收入是我们的大救星，我希望你研究这些类型。但我也希望你去弄清楚，其他类型的人在没有多少实现收入的情况下是怎么活下来的，其中一些人肯定日子过得像和尚。这些人怎么了？他们为什么不卖掉价值几百万美元的股票，再买栋大房子？

斯特恩：那就是你把美国收入最高的所有名人的照片贴在你家书房墙上的原因吗？

扬：确实，我爱这些人。他们得了很重的"花钱"病，而且要花钱，他们得有实现收入。我们这么看：当一个球员买下一条价值200万美元的游艇时，我们就成了他的合伙人。要付出200万美元买下游艇，他需要400万美元的实现收入，于是我们就成了他的合伙人。

斯特恩：球员？他们是我们年轻人的好榜样吗？

扬：绝对是。他们是高收入并且花钱的人，他们告诉我们的年轻人要挣钱、要花钱，我们的年轻人要学的是实现收入。这类花钱的人是真正的爱国者，那就是我把《韦氏英语词典》对爱国者的定义贴在我墙上的原因。给我念念吧，鲍勃。

斯特恩：爱国者：热爱自己的国家、热情支持其当局、维护其利益的人。

扬：对了，鲍勃——热情地支持当局、维护其利益。你知道，鲍勃，真正的爱国者是那些挣大钱，每年收入 10 万、20 万、100 万或更多，再全部花光的人。国会应该为这种类型的爱国主义者铸一种新奖章，鲍勃。它会被称为"税收和消费国会奖章"。只要这些爱国者不断将他们的孩子培养成奖章得主，我们的日子就好过了。鲍勃，你觉得我们该不该开始给所有那些推销豪华汽车、游艇、豪宅和昂贵服饰的公司寄去节日贺卡？这些人以自己的方式成为真正的爱国者。他们鼓励消费，他们是我们的衣食父母。唔，鲍勃，时间不早了，你领到了任务。我想知道国会奖章得主的更多情况，同时也希望你研究那些一毛不拔的家伙是怎么做的。

有什么证据表明，美国政府知道实现财务自由的公式？读读政府雇员最近写的一些文章吧。许多训练有素的经济学家和为我们政府工作的学者频繁开展对富人（或者按他们的说法是"顶级富豪"）的研究。我对刊登在税务局季度报告《收入统计数据》上的文章特别感兴趣，它们提供了关于收入的海量统计数据，实在是研究员的宝库。但收入不是政府唯一关注的焦点，它还研究顶级富豪。我们对此很羡慕，我们研究富人还得自己做调查，那是我们理解"如何致富"公式的主要资源。

尤金·斯托伊勒是美国财政部税收分析办公室（Office of Tax Analysis）副主任，还是一位才华横溢的研究员。他和我们问了同样的问题："实现收入与财富的关系是怎样的？"[①] 他发现了什么？他发现，人们通过尽量压低实现（应税）收入、增加未实现（非应税）收入，聚集了大量财富。

斯托伊勒先生主持的研究比较了顶级富豪生前提交的所得税申报表与在这些人去世后遗产执行人提交的遗产税申报表，研究了遗产税申报表的全国样本，又比较了每一个案例与对应的前一年所得税申报表。为什么这样比来比去？他希望研究所得税申报表记载的实现收入与样本中每个对象的实际净资产之间的联系。他特别感兴趣的是从投资中获得的实现收入与其实际市值间的关系。

为什么一个给财政部工作的学者要花这么多时间做这样一项研究？我们认为国家税务局的工作人员是一群聪明人，他们研究目标市场，垂涎其财富。他们想知道有多少富人产生这么少的实现收入。因为拥有多家关联性企业的人特别擅长这项策略，斯托伊勒先生选择研究那些遗产中的关联企业价值占比超过 65% 的人。

下面是斯托伊勒先生的一些研究发现：

• 他们从关联企业资产中获得的实现收入只有资产评估值的 1.15%。请注意，即使是这么小的比例也很可能是高估，因为对继承人和遗产执行人来说，提供保守的评估还有遗产税方面的好处。

• 从所有资产、工资报酬和其他收入中取得的总收入只占他们所有资产价值的 3.66%。

---

① 参见《收入统计数据公告》，美国财政部国家税务局，1985 年春，第 2 卷第 4 期（*SOI Bulletin*, Department of the Treasury, Internal Revenue Service, vol. 2, no. 4, Spring 1985）。

关于富人的这些研究结果告诉你什么呢？它们表明，一个平均身家 200 万美元的企业主的年实现收入只有 73 200 美元，即 200 万美元的 3.66%。现在，你能不能每年只靠 73 200 美元过日子，同时还要投资其中至少 15%？这样做不容易，但在财务上依赖别人也不容易。

财务自由

一次，我们问了高收入、低净资产的公司经理罗德尼先生一个简单的问题：

为什么你从不参加你们公司有税收优惠的股票购买计划？

这位经理的雇主给他提供了一份配股方案：他每年可以购买相当于其收入 6% 的公司股份，这将减少他拿到手的实现收入；并且如果他决定购买，公司将根据他的收入提供一定比例的资金。

罗德尼先生说可惜他拿不出钱来参与。似乎他的全部收入都用掉了：每月还 4 200 美元按揭贷款，有两辆租来的汽车，付孩子的学费、俱乐部会费，有一所需要修葺的度假屋，还要交税。

可笑的是，罗德尼先生希望"最终实现财务自由"，但与所有理财外行一样，他在这方面不够现实，他出卖了自己的财务自由。如果他从受雇开始时就充分利用那项税收优惠呢？那他现在已经是百万富翁了。然而实际上，他还挣扎在无止境的赚钱－花钱怪圈里。

我们访问过无数高收入、低净资产人士。有时这类谈话令人沮丧，尤其是在受访者为老年人时。你想不想成为这样一名 67 岁的心脏病专家？他没有养老计划……从未有过任何养老计划。

尽管一生中挣到数百万美元，他全部的净资产还不到 30 万美元。难怪他开始向我们提出这样的问题：“我这辈子还能退休吗？”

更发人深省的是我们对理财外行遗孀的访问。通常情况下，她在结婚后的很长时期内一直是家庭主妇，她的高收入、低净资产类型的配偶通常没有投资足额人寿保险或根本没有。

> 我丈夫总是说，别担心钱……“反正有我呢。”他说。你能帮帮我吗？我该怎么办？

这可不是一个有趣的场面。受过良好教育的高收入人士在金钱方面怎么会那么天真呢？受过良好教育、拥有高收入，并不会自动转化为财务自由，财务自由需要规划和牺牲。

如果目标是实现财务自由，你会怎么做呢？你的计划应该是牺牲今天的高消费，换来明天的财务自由。用来消费的每一美元收入都要先给税务官打个折。例如，要买一艘售价 6.8 万美元的游艇，你也许要挣上 10 万美元，百万富翁通常就会这样考虑。这也是只有少数人拥有游艇的原因。你是打算退休后在船上安家，还是靠 300 万美元的养老计划过日子？鱼与熊掌可以兼得吗？

高档住宅区

如果仔细读过上一节国家税务局对富人的研究，你也许会想到一个问题。我们的调查结果是否与所得税申报表、遗产税申报表指出的结果不同？你大概记得，我们最近一次调查显示，百万富翁的年度总实现收入平均约为净资产总值的6.7%。然而来自所得税和遗产税的结果指出，顶级富豪的实现收入只及其财富的3.66%。如何解释这一差异？它的含义是什么？

我们采用的取样方法与国家税务局研究所得税和遗产税时用的不同。我们的调查基于对住在高档住宅区的家庭进行抽样，而国家税务局从全部所得税申报表和遗产税申报表中取样。因为美国现在有约一半百万富翁不住在高档住宅区，我们还调查了富有的农场主、拍卖师和住在普通住宅区的其他富人。为什么来自高档住宅区的百万富翁的实现收入与财富的比例（6.7%），远高于从全国所有富裕逝者中选出的顶级富豪（3.66%）？因为来自高档住宅区的百万富翁必须实现更多收入才能住在这些地区。从我们的发现中能得出什么结果呢？如果你不住在高档住宅区，积累财富会更容易。不过即使是这些住在高档社区的百万富翁，每年的实现收入也只是其财富的6.7%。想想他们那些并非富人的邻居，平均而言，仅仅为了享受住在高档住宅区的快乐，那些人就必须连续获得占比超过其财富40%的实现收入。

也许你没达到应有的富裕程度，因为你用许多当前和未来的收入去换取住在高档住宅区的荣耀。这样，即使每年挣10万美元，你也富不起来。也许你不知道，住在隔壁价值30万美元房子里的邻居是在致富之后才买了那所房子，而你买下房子是指望变得富有。那一天也许永远不会到来。

每年仅仅为了收支平衡，你就被迫尽量提高实现收入。你没一点儿余钱去投资，本质上你陷入了僵局。很高的家庭日常开支要求你投进全部收入，但如果不选择那些无须实现收入就能帮助你获得资产增值的投资，你永远实现不了财务自由。那么出路在哪里？你是选择一辈子高税负、高生活水平，还是换个地方住？让我们帮你做出决策。下面是我们的另一项规则：

如果你还不富裕，但希望有朝一日富起来，绝对不要购买按揭贷款额超过全家年实现收入两倍的房子。

住在生活成本较低的地区让你可以花费更少，有更多收入用于投资。你的邻居不太可能开着昂贵的汽车。你会发现很容易跟上甚至超过邻居的消费水准，同时还能积累财富。

这是你的选择。也许你做出的选择比我们最近劝告过的年轻的股票经纪人鲍勃更好。我们给了他同样的关于理想的房价收入比的建议。这位 37 岁的经纪人年实现收入为 8.4 万美元。他想买一套 31 万美元的房子，为此寻求我们的建议。他计划首付 6 万美元，还计划成为富人。我们认为背负 25 万美元的按揭贷款将妨碍实现致富目标。

我们建议他买套便宜点的，如一套价值 20 万美元、按揭 14 万美元的房子，这在我们的规则范围之内。鲍勃拒绝了这个建议，他不想住在一个满是"卡车司机和建筑工"的社区，毕竟他是受过大学教育的金融顾问。

但鲍勃没意识到，许多建筑工和配偶的年收入合起来超过了8.4 万美元。当然，按揭中介告诉他，他有资格得到 25 万美元的按揭贷款，但和中介商量贷款，正如请一条狐狸去计算你笼中有几只小鸡一样。

第3章　时间、精力和金钱

他们高效地分配时间、精力和金钱，走上财富积累之路。

效率是财富积累的重要因素之一。简言之，富有的人分配时间、精力和金钱的方式，与增加其净资产的方式一致。理财大师和理财外行都表明了类似的致富目标，但涉及他们在财富积累活动上实际花费多少时间时，这两组人的倾向完全相反：理财大师每月用于规划金融投资的时间几乎是理财外行的两倍。

投资规划和财富积累有很强的正相关关系。在咨询专业投资顾问，寻找好的会计师、律师和投资顾问及参加投资规划研讨班等方面，理财外行花的时间比理财大师更少。平均而言，理财大师花费更少的时间担心他们的经济状况。我们发现，理财外行比理财大师更担心这些前景：

- 不够富有，不能舒适地退休。

- 永远无法积累大量财富。

他们的担心现实吗？是的。然而理财外行宁可花很多时间担心这些问题，也不愿采取积极行动来改变过度消费和投资不足的倾向。

什么类型的人会在最近表明他害怕和担心下面两种情况？

- 生活标准急剧下降。

- 收入不够高，维持不了家庭的消费习惯。

这人是谁呢？也许，他是一位有两个孩子在上大学的邮递员，或一位需要抚养3个孩子的低收入的单身父亲。你有没有设想过，一位中年的公司经理最近发现，他的职位将被抹掉？当然，这些都是合理的猜测。属于这几个类别的人很有可能会表达恐惧，担心不得不降低生活标准，担心收入维持不了一家人的购买习惯，但这些人都不是我们即将介绍的那个人。

表达这些恐惧和担忧的受访者是一位50多岁的外科医生，我们姑且称他为"南方医生"（见表3-1）。他已婚，有4个孩子。他为什么要担心生活标准和收入呢？会不会是他走了霉运，比如因为失能无法继续行医？不是。他是个很出色的医生，在我们访问他的前一年挣到超过70万美元！收入虽高，他真正意义上的净资产却在减少，因此有理由害怕和担忧。

"北方医生"在年龄、收入和家庭结构方面与南方医生非常相似，但北方医生是理财大师。他的情况在本章会详细介绍。北方医生的担忧远少于南方医生，他不怕被迫降低生活标准，也不担心收入维持不了家庭的购物习惯。考虑到南方医生和北方医生收入差不多，这一点特别有趣。下面的案例研究将带你认识两位医生及其家庭，了解到关于每个人如何利用时间、精力和金钱方面的许多内容。在详细介绍他们前，我们将讨论普通医生的收入和财富积累习惯。

医生、理财大师和理财外行

平均而言，医生的年收入是普通美国家庭的 4 倍多，分别为 14 万美元和 3.3 万美元。南方医生和北方医生的收入远远超过普通医生，他们是才华卓著、训练有素的专家。在他们那个专业，普通医生的平均收入超过 30 万美元，而他们在所属的群体里也是出类拔萃的。去年，他们的收入双双超过了 70 万美元。

虽然收入很高，南方医生积累的财富水平相对较低，他花得很多，投资很少。我们的研究发现，医生一般而言不擅长积累财富。在所有主要高收入职业里，医生积累大量财富的倾向相当低。每对应一个跻身理财大师群体的医生，就有两个医生处于理财外行级别。

这是为什么呢？有几个原因，其中最主要的是财富和教育的联系。这样的关系也许出乎一些人意料。在所有高收入者（年收入至少 10 万美元）这一层面，教育和财富积累负相关。高收入理财大师拥有研究生学历、法律学位或医学学位的可能性远小于理财外行。在我们的调查中，百万富翁通常是"读过大学""本科毕业"或"没读过大学"的企业主。

警告：父母不应建议子女从大学退学去创业。大部分创业会在提出构想后的几年内失败。只有一小部分企业主挣到超过 6 位数的年收入，这些人通常会积累比相同收入水平群体更多的财富。

表 3-1 忧虑、恐惧和担心比较：北方医生对比南方医生

	财富积累类型	理财大师	理财外行
		北方医生	南方医生
I	**你的经济状况**		
	不够富有，不能舒适地退休	低	中
	收入不够高，维持不了家庭的消费习惯	低	中
	不得不退休	低	低
	丢掉工作、职位	无	无
	生活标准急剧下降	低	高
	永远无法积累大量财富	低	中
	自己生意失败	中	低
	过早死亡的情况下没有能力给家人财务保障	高	低
II	**子女**		
	不得不在经济上支持成年子女	低	中
	子女入不敷出	低	中
	子女能力低于常人	中	低
	成年子女搬回家住	低	中
	子女与不合适的对象结婚	中	中
	子女把你的钱看成他们的收入	低	中
III	**你的身体状况**		
	患上癌症或心脏病	中	低
	患上视力或听力障碍	中	无
	遭诈骗、强奸、抢劫或盗窃	低	中
	感染艾滋病	无	低
IV	**政府**		
	政府开支和联邦赤字增加	低	高
	政府加强对工商业的监管	低	高
	支付更高的联邦所得税	低	高
	高通胀率	无	中
	家人支付很高的遗产税	低	低

（续表）

V	家庭和睦		
	子女为你的财富反目成仇	低	中
	家人争夺你的遗产	低	中
	被指责在财产方面对某个成年子女偏心	低	中
VI	财务顾问		
	遭财务顾问欺诈	低	中
	得不到高质量的投资建议	无	中
VII	父母、子女和孙辈		
	子女接触毒品	无	低
	让父母、岳父母住到你家	中	低
	没时间照料子女、孙辈	低	低

"读过大学""本科毕业"或"没读过大学"类型的高收入者，起步早于许多受过良好教育的劳动者。医生和其他受过良好教育的专业人士在收入竞赛中起步很晚。学生很难积累财富，求学时间越长，开始挣钱和积累财富的时间就越晚。

大部分研究财富的专家认为，一个人开始用收入投资的时间越早，积累财富的机会就越大。

例如，登齐先生是企业主，在技术学院学过两年数据处理，从22岁起开始工作和积累财富。30年后的今天，他从他的退休金计划的投资收益的迅速增长中获利丰厚。

再看看多克斯医生的情况。他与登齐同一年中学毕业，开设私人诊所比他的同学登齐创业晚了12年以上。那12年里，他一直在求学，用存款、父母的钱和借来的钱支付学费和生活费。与此同时，自认为"不是上大学的料"的登齐将资源集中投入自己的企业，实现了财务自由。

今天，谁属于理财外行一类？是那个"不是上大学的料"的企业主登齐，还是他的中学同学多克斯？答案显而易见。登齐是理财大师的典型，而多克斯是理财外行。有趣的是，他们去年挣到大致相同的收入（近16万美元），但登齐的财富是多克斯的五六倍，而且没有债务。

登齐可以给我们所有人上一堂关于财富积累的课。成年后尽早开始挣钱投资，这甚至将使你在财富积累水平上超过中学同学里那些"天才少年"。记住，财富不长眼睛，才不管它的主顾是否受过良好教育。这样本书作者也有了借口。要不然该怎么解释两个研究财富的专家都不富有？部分原因是他们总共用了近20年接受高等教育！

受过良好教育的人在财富等级方面通常较为落后的另一个原因，与社会赋予他们的地位有关。人们期望医生和其他高学历人士有高学历人士的样子。登齐是小企业主，虽然富有，但社会并不期望他住在高档住宅区。住在朴素的房子里，开着不显眼的汽车，他也不会显得格格不入，所以他的家庭日常开支远少于多克斯医生。

许多人告诉我们，可以通过封面来判断一本书的好坏。这句话的意思是，高水平的医生、律师、会计师等应该住豪宅，衣服、汽车的风格也应该与他们履行专业职责的能力相匹配。如何评价与你打交道的专业人士？太多人通过外在因素评价他们，那些拥有华服豪车、住在高档社区的人得到额外加分。如果一个专业人士住着普通房子，开一辆3年的福特维多利亚皇冠汽车，许多人会认为他很平庸，甚至不称职。很少有人以净资产标准判断他们延请的专业人士的服务质量。许多专业人士告诉我们，他们必须看起来很成功，才能说服客户相信这一点。

例外当然有，但在大学、专业院校或研究生院求学多年的人的家庭日常开支水平，更有可能高于受教育较少的人。作为一般规律，医生的家庭日常开支水平特别高，许多医生家庭主要关心的是消费，不是投资。

医生经常会发现，住在高档社区也有不利之处。住在高档社区的人经常遭到投资从业者推销电话的狂轰滥炸。打来电话的人往往认为住在高档社区的人有钱投资，实际上许多住豪宅的人在维持他们的高消费生活之后很少有余钱留下。

一些天真的电话推销员购买符合两个标准的潜在客户名单。首先，潜在客户必须是医生；其次，他们必须住在高档社区。难怪美国一些推销投资概念最积极的人会把医生看成大鱼。许多接到这类推销电话的医生认为来电者"和医生一样专业"。许多医生告诉我们，他们通过电话推销员所做的投资很不愉快，许多人因为吃了大亏，以后再没投资过股市。

考虑到资本市场实际价值的总体增长，这很不幸。并且在拒绝了股市后，他们觉得有了更多的钱去消费。你可能觉得这样的态度很少见，其实不然：

> 一名整形外科医生补充说，他有 3 条船、5 辆车，但还没开始拼凑一份养老金计划。金融投资？也没有。谈及同事，医生说："我还没遇到一个没在金融市场栽过大跟头的家伙。结果他们两手空空，而我至少还能花上我的钱。"

之后，医生总结了他的财务观。"钱，"他不屑地挥挥手说，"是最容易再生的资源。"①

还有什么其他因素能解释为什么那么多医生属于理财外行群体吗？我们的研究表明，他们一般都不自私。平均而言，他们为高尚事业捐款占收入的比重高于其他高收入者，而且医生是得到父母遗产可能性最小的群体之一，受过较少教育的兄弟姐妹继承金钱的可能性高得多。某些情况下，年老的父母还叮嘱身为医生的子女"在（父母）不再有能力帮境遇差的兄弟姐妹付账单后，拉他们一把"。这些发现详见第6章。

为病人服务经常占去医生大量时间。他们通常每天工作超过10个小时，因此大部分时间、精力和聪明才智都用在病人身上，在此过程中忽视了自己的经济状况。一些医生觉得，努力工作会带来大量收入，因此不需要规划家庭开支。一些人问，既然有大量收入可挣，为什么要浪费时间去规划家庭开支和投资？许多高收入的理财外行都是这样想的。

理财大师的感觉通常刚好相反。在他们看来，钱是资源，永远不应该浪费。他们知道，即使收入非常高，规划、预算和节俭也是积累财富必不可少的部分。要想实现财务自由，即使是高收入者也需要开源节流。如果还没有财务自由，你花在担心未来经济情况上的时间和精力将会越来越多。

---

① 参见托马斯·斯坦利的《为什么你的财富不及预期》，《医疗经济》，1992 年 7 月（Thomas Stanley, "Why You're Not As Wealthy As You Should Be", *Medical Economics*, July 1992）。

规划和控制

对消费进行规划和控制是构筑财富基础的关键因素，因此你应该想到北方医生那样的理财大师会花时间规划开支，情况确实如此。与之相反，除了受家庭收入限制外，南方医生对全家的消费没有任何控制。我们询问了南方医生和北方医生各自的规划和控制系统。

> 问题：你的家庭是否按照一份精心规划的年度预算过日子？
> 南方医生：不。
> 北方医生：是……当然！

经营一个没有预算的家庭，就像经营一家企业而没有计划、没有目标、没有方向。北方夫妇的预算要求他们每年投资家庭税前收入的至少1/3。我们访问北方医生那一年，他和妻子投资了他们税前年收入的近40%。他们是如何做到这一点的？很简单，他们的消费水平相当于只挣到他们1/3收入的家庭。

南方夫妇的情况呢？他们的消费水平相当于收入接近他们两倍的家庭。他们在信用卡的过度使用方面更接近每年挣数百万美元的家庭。南方夫妇每年基本花光全部收入，甚至还有赤字。收入是他们唯一的限制。

我们问了两位医生另一组问题：

> 你知不知道全家每年在衣、食、住上花费多少？

你是否花很多时间规划财务前景？

你是否节俭？

你也许能预料到结果。南方医生回答了3个"否"，北方医生的回答是真正理财大师式的3个"是"。想想北方医生的节俭倾向，例如他强调自己没买过一套不是打折或特价的西服。这并不意味着北方医生不修边幅或穿廉价西服，相反，他购买优质服装，但不是以全价，也从不冲动购买。这种行为是他年轻时融入社会过程的一部分。

> 我求学时，妻子在教书。我们收入微薄……即使那时，我们也一直遵循一条规则……要储蓄——那时我们就存钱了。没钱什么投资也做不了……首先要储蓄。

> 早在11岁那年，我就通过在杂货店打工存下了第一个50美元。和今天的情况一样，只是今天"0"的个数不同而已……更多的"0"，但规则是一样的，克制也是一样的。

> 你必须好好利用投资机会……绝妙的机会到来时，你得有资本去利用它……那是我所受教育的一部分。

南方医生则报告了完全相反的倾向。在我们访问的前一年，他一家在衣服上花了多少钱？约3万美元（见表3-2）。据此，南方夫妇每年花在衣服上的钱接近普通美国家庭一年的全部收入——3.3万美元。

表 3-2　消费习惯比较：北方夫妇对比南方夫妇

消费类别	每年消费金额（美元）	
	北方夫妇	南方夫妇
财富积累人类型	理财大师	理财外行
服装	8 700	30 000
汽车	12 000	72 200
按揭贷款	14 600	107 000
俱乐部会费及相关消费	8 000	47 900

家庭团队

　　大部分高收入家庭是夫妻加孩子的传统家庭结构，南方医生和北方医生两家都是如此。很早以前我们就发现，夫妇双方的习惯解释了财富积累方面的差异。要理解你的家庭在财富阶梯上的位置，你的另一半在节约、消费和投资方面的倾向是一个重要因素。

　　你家谁精打细算？在北方医生一家，他和妻子都符合这样的描述。两人都过着远低于收入水平的生活；两人都精心规划年度预算；两人都不反对购买二手车；两人都能说出一家人每年在各种产品和服务上的花费；两人都不反对送孩子上公立中小学；两人都将实现财务自由当成一个优先考虑的目标，但这些目标绝不代表对3个子女抠门，他们供孩子上完大学，还支付了读研、读法学院的各种费用；他们还资助孩子购房，支付相关费用。北方夫妇通过专为孩子建立的投资支付这些费用。相反，南方夫妇不是投资者，几乎所有这类支出都来自当前收入。

如果你的家庭挣到中等偏高的收入，而你和另一半都很节俭，结果会怎样呢？你打下了成为理财大师并维持这一地位的基础。另一方面，如果夫妻一方挥霍无度，积累财富是很难的。一个在财务方面理念不合的家庭不太可能积累起很多财富。

更坏的情况是夫妻双方都花钱如流水，这就是南方夫妇现在的家庭情况。有趣的是，南方医生声称，他是家里精打细算的人。是这样吗？确实，他指的是配偶的购物和消费习惯。但花掉他们全部或大部分年收入需要团队协作——夫妻双方都是过度消费者，都对他们在财富等级上低于预期水平负有责任。

让我们评估一下南方医生在财富积累方面的表现。他在家里负责挣钱，在这方面非常突出，这无可辩驳，他的表现击败了美国99.5%的劳动者。他也部分负责做出家庭的其他决定，如购买汽车和财务顾问服务，也做出投资决定，但不管是他还是妻子都不为全家做任何预算。

南方夫人负责购买全家的服装，一年内在这方面花费约3万美元。对于每年花费超过4万美元的会员俱乐部费用和相关消费，她也有很大的责任。两人共同决定了每年还10.7万美元的按揭贷款。大部分理财外行会告诉你，大额按揭贷款帮他们减少了应税收入。显然，如果南方夫妇一直以这样的方式存钱，他们也许永远无法退休。

购买豪宅豪车的人经常会因为奢侈的生活方式遭到批评，但在大部分情况下，住房至少还能保值，即使只是名义上的，连汽车都会在购买后的几年内维持一些价值。在住房和汽车上花大钱对财富积累有抑制作用，但是至少你可以置换或出售这类项目。有一些项目更糟糕。

南方夫妇去年买的 3 万美元衣物今天还值多少钱？他们最近花费 7 000 美元度过的假期明天还值多少？他们去年在乡间俱乐部相关消费上花掉的超过 4 万美元，现在还剩下多少价值？除此之外，还要去高档餐厅用餐、雇仆人、请家教、维护草坪和庭院、买保险，等等。

南方夫妇的消费习惯与他们没有对开支集中控制这个事实有关。在这场家庭剧中，他们的许多消费是各自独立行动的结果。北方家庭的情况不是这样，北方医生和妻子都在预算和开支方面发挥着积极作用。他们一起计划，商量开支问题。我们后面会详细介绍他们的方法，先看看南方夫妇的情况。

南方夫人负责为全家采购各种各样的产品和服务。去年，她没和任何人商量，就在衣服上花掉 3 万美元。她和丈夫各干各的，都有自己的一套信用卡。她特别热衷于在高档百货商店购物，包括尼曼、萨克斯第五大道和罗德与泰勒百货，她有所有这些商店的联名信用卡。另外，她和丈夫还有万事达金卡和维萨贵宾卡，南方医生还有美国运通白金卡。

问题出在哪里？南方医生和夫人通常对于对方在买什么或各自花了多少钱所知甚少，或者根本一无所知，尤其在非耐用品和无形商品如衣服、礼物和娱乐消费等方面。两人都经不住店员、财务顾问、汽车销售人员和银行信用卡主管的劝诱。如果你是这些人之一，你会给谁打电话，向谁提供产品和服务的最新信息，向谁报告最新时装和汽车专展？

为什么南方夫人要花那么多钱呢？因为丈夫鼓励她那样做，这是经典的理财外行风格。南方医生是由纵容的高收入父母造就的，他又在购物方面近乎给了妻子一张空白支票。当然，南方夫妇还与其他过度消费的人交往。但有件事她与丈夫都不知道：他们与众不同，不是普通的消费者。没人向他们说过，他们那个收入范围内的大部分人包括北方夫妇，从不像他们那样花钱。可惜他们从未听说过还有理财大师。

北方夫妇的消费行为完全不同。他们都来自俭朴家庭，整个婚姻生活中他们在资源分配方面互相交流，他们的预算制度是节制消费的生活方式的根本。与南方夫妇不同，北方夫妇没有高档百货商店的联名信用卡。北方夫妇的净资产是南方夫妇的 18 倍多（750 万美元对比 40 万美元），但他们没有尼曼、萨克斯第五大道或罗德与泰勒百货的联名信用卡。他们只在特价时段才到这类商店购物，家庭的几乎所有采购都用那张"主"信用卡——维萨贵宾卡。每个月，两人的采购都列在同一张报表上；每个月，他们决定留多少钱用于各个消费类别；每年，他们参考这些报表计算在各个类别上的总花费。报表使得制订下一年的预算和预留款项更便利，最重要的是，他们的计划、预算和消费是协调一致的行动。北方夫妇用一个共有支票账户，从而方便地对那些不用信用卡支付的项目制订预算。

如果想做预算，但又不喜欢其中的过程，怎么办呢？我们最近访问了一个提供家庭预算和消费规划服务的注册会计师。阿瑟·吉福德先生有数百名高收入客户，大部分是企业主或个体经营的专业人士，一些是理财大师，一些是理财外行。

我们问吉福德先生，谁用他的预算和消费计划系统。根据对南方夫妇和北方夫妇的案例研究，他的回答在预料之中：

> 只有那些拥有大量财富的客户，才会想知道全家花在每个项目上的准确数额。

吉福德先生说得对。但在采购服务方面，理财大师不是对价格很敏感吗？也不尽然。在购买帮助控制全家消费行为的服务时，理财大师对价格很不敏感。

你知不知道你家去年在每个类别的产品和服务上花费的准确金额？没有这样的数据，将很难控制开支；如果不能控制开支，就不太可能积累起数量庞大的财富。保存全家每月每笔支出的准确记录是一个好的开始，或者请会计师帮你建立一个系统，将这些支出分门别类，列成表格，再和他一起做出预算，目标是让你能留出每年税前收入的至少15%用于投资——这个"15%法则"是吉福德先生的简单致富策略。

购车方法

南方夫妇在若干消费类别上领先于北方夫妇。接受我们访问的前一年，他们用于购车的金额是北方夫妇的6倍（分别为72 200美元和12 000美元）。接受我们访问这年，南方医生还买了一辆6.5万美元的保时捷。他对好车很在行。他在准备家庭预算上没花多少时间，花在规划财务前途上的时间更少，但在买汽车方面倾向完全不同。

花在购买奢侈品如汽车和服装上的时间，与花在规划财务前途上的时间成反比关系。

类似南方医生这样的高收入理财外行将很多收入花在昂贵的汽车和服装上，但获得和维护一大堆奢侈品需要的不仅是钱，还需要时间去购买，需要时间去照料。即使在高收入者中，时间、精力和资金也都是有限资源。我们的研究表明，顶级高收入者的钱也有用光的时候。与之相反，北方医生和理财大师们将业余时间用在他们希望能提升财富的活动上（见本章的表3-6）。这些活动包括研究和规划投资策略，管理当前投资。我们将在本章详细研究这一问题。

相反，南方医生这样的理财外行则努力维持和提升他们的高生活水平，开支经常超过他们的6位数收入。因此，在维持高生活水准的需要和有限的收入之间，他们如何平衡呢？许多人的做法是千方百计购买性价比高的商品。

南方医生的方法

看看南方医生在购买一辆汽车前做了哪些事，你也许会生出他很会精打细算的印象。大部分南方医生这样的理财外行会告诉可能的批评者，他们购买的一切都接近成本价、等于成本价甚至低于成本价……以此为自己的过度消费行为辩护。确实，南方医生讲起价来毫不手软，但他还是为一辆进口跑车付出超过 6.5 万美元。这真的划算吗？他买这辆车的价格"接近车商的成本"，但这所谓的划算交易在时间和精力上的花费如何？大部分高收入者，不管是理财大师还是理财外行，每周工作超过 40 小时。通常，他们会以符合自身目标的方式分配剩余时间。

高收入的理财外行经常花费无数小时研究市场——但不是股市。他们可以告诉你若干大车商的名字，但不认识一个顶级投资顾问。他们谈起购物和花钱来头头是道，但不会跟你谈如何投资。他们知道各种车商的风格、价格、经销型号，但很少或根本不了解资本市场各种产品的价值。

作为例子，请比较南方医生最近的买车做法与典型百万富翁的做法。平均而言，美国百万富翁买车时用到四五个简单的还价技巧。南方医生则不同，与车商谈判时用到至少 9 种还价策略。

想想南方医生最近获得的购车知识水平，这些知识永远不会带来资本收益或真金白银的分红，也不会提高他的业务能力。现在，他了解距家 400 英里① 半径范围内每一家保时捷车商，还能立即告诉你几乎每个保时捷车型的车商成本、选装件和配件的成本，以及大部分车型的性能特征。获取这类信息需要大量时间和精力。

买车时，他的做法很有趣。他首先决定想要什么牌子和型号的汽车及相应配置，接着四处搜集信息，与车商谈判。"为了达成最合算的交易"，货比三家几个月对于他是很寻常的。在此过程中，他通常能打探出车商在这辆车上的成本。这项工作在开始与一家车商认真谈判前就做足了。接下来，他给（一份长名单上的）所有车商打电话，请他们来竞争，不介意从一家走低价路线的外地车商那

---

① 1 英里约等于 1.61 公里，400 英里约合 644 公里。——编者注

里买一辆保时捷。接着，那些自称走低价路线的车商进入了短名单，其他人被排除。

他再一次联系短名单上的车商。在这个阶段，他会打探车商是否愿意低于成本价出售，这样做的时候他会提及其他车商报出的低价，也会询问试驾车和退役的租赁车，但一门心思放在最新款的车上。

到了月底，他重新联系所有走低价路线的车商，因为他觉得车商在月底有"销量要求和到期的银行账单"。他请所有车商给出"最后的底价"。最近一次采购中，他在那个月最后一天打了许多电话，最终接受了一名外地车商的报价。

南方医生购买汽车的做法无异于捡了芝麻丢了西瓜，但依然自诩为精明的买家，毕竟，他花了许多时间和精力尝试以成本价或接近成本价买到汽车，但是也许车商的成本价本身就是一个太高的价格。如果为了一辆极其昂贵的汽车的所谓车商成本价花上许多时间、精力和钱财，是很难积累财富的。

想想这一事实：我们访问过的大部分百万富翁一生都没买过一辆接近6.5万美元的汽车。本书第4章将表明，我们访问过的百万富翁中超过一半从来没有为一辆汽车支付过3万美元以上。记住，南方医生还不是百万富翁，以净资产而言，百万富翁当然更加买得起6.5万美元的汽车，但他们不理会这样的机会。正如常言所说，"那正是他们成为百万富翁的原因！"

开昂贵的汽车绝对会降低一个人积累起可观财富的可能性。我们访问南方医生那年，他在最近购买的汽车、相关销售税和保险上花费超过7万美元。然而同一时期他在养老计划里投入了多少？约

5 700 美元！他收入的每 125 美元中只有约 1 美元被留作退休之用。他花在寻找最合算的购车交易上的时间也非物有所值。我们估计，他在对于那辆车的研究、讲价和购买上花了超过 60 小时。将钱投入养老计划要花多少时间、精力？60 小时的一小部分而已。南方医生说他想积累财富。说起来容易，但他的行动比话语更能说明问题。也许，那解释了他为什么在草率的投资上损失了一大笔钱。当一个人的投资决策没有或只有很少知识基础的时候，投资经常会变成重大损失。

北方医生的方法

北方医生在做出购买决定时会在意价格，但他对汽车不在行。我们问了他最近一次购买汽车的情况。记住南方医生最近购买的是当年款车型。请注意，不到 25% 的美国百万富翁开当年款车型。当然，南方医生不是百万富翁。

北方医生骄傲地告诉我们，他最近一次买车还是 6 年前。想来你会问：你是不是指他 6 年来没买过一辆新车？他不仅 6 年来没买过一辆新车，而且 6 年前花 3.5 万美元购买的也是一辆已有 3 年车龄的奔驰 300。

北方医生喜欢这辆车：价格便宜，还很省油——"那是辆柴油车"。奔驰的柴油车可以开上几十万英里不用大修，款式也是一流的。

买这辆车花了他多少时间和精力呢？让我们看看他的决策过程。首先，他决定"老车"该换了，毕竟已经有 20 年车龄了。他知道欧洲豪华车在首次售出后的前 3 年里会快速贬值，因此他判断，如果买一辆 3 年的奔驰可以省下一大笔钱。

他先打听到意向车型的新车零售价，证实了自己的猜测。获得这条信息只需要跑一趟当地经销商。接着他确定最好的选择是一辆车龄 3 年的二手车，便打电话给几名车商告知购买意向，还查阅了报纸分类广告页的几条广告。最终，他决定购买一家当地车商提供的一辆里程很少的车。他解释说：

> 汽车？我一直很看重质量，但从不租车，从不贷款买车。我开一辆奔驰。自从行医以来，我只有过两辆车。第一辆是奔驰，开业后不久买的新车……开了 20 年。后来我买了第二辆车……一辆车龄 3 年的奔驰。我找了一名车商，他想卖辆新车给我，但那样总花费比二手车多了 2 万美元。
>
> 接着我问了自己一个简单的问题：拥有一辆新车的骄傲——骄傲是仅有的好处——值不值 2 万美元？汽车是一样的。答案是不值，拥有一辆新车的骄傲不值 2 万美元。

北方医生的方法只耗费几个小时，比较一下这一点与南方医生漫长的购车过程——花费了他至少 60 小时。而且北方医生喜欢保有他的汽车很多年，这样他的购车用时可以分摊，平均每年付出不到 1 小时来买车；但南方医生喜欢每年买 1 辆新车，因此他花费的 60 小时通常无法分摊。

恐惧和担心

你会担心什么？你关心的事与财富积累相关，还是会花时间考虑妨碍你致富的问题？理财大师和理财外行在恐惧和担心方面有什么区别？简单来说，理财外行比理财大师更焦虑，他们担心的问题也不相同，总体上理财大师的担忧和恐惧比另一方少得多。

如果你花很多时间考虑担忧的事会怎么样？你用来采取行动解决这些问题的时间会减少。如果恐惧为你提供了多花钱的借口又会如何？那你可能是理财外行群体的一员。

恐惧和担忧既可以是成为理财外行的原因，也可以是理财外行导致的结果。如果一个人一直担心挣不到大钱来提升生活水平，他会富起来吗？也许不会。南方医生不富有，部分原因是他关心这类问题；北方医生现在很富有，因为他对生活标准的看重程度远远不如南方医生。

南方医生告诉我们，他对 19 个问题的担心程度是高或中（见表3-1）；北方医生只担心约7个问题。据此，我们顺理成章地推断，北方医生们有更多时间和精力投入提升财富的活动。让我们看看这些医生恐惧和担心的或是并不感到恐惧和担心的因素会如何影响他们的生活。

理财外行和理财大师的子女

南方夫妇有 4 个孩子，两个已成年。南方医生很有理由非常担心他们的未来，因为理财外行通常会培养出最终步自己后尘的子女。如果家庭环境赖以建立的基础是高消费、很少甚至没有经济限制、很少规划或预算、不自律，以及满足每一个与商品有关的欲望，这样长大的孩子会变成什么样子？与理财外行父母一样，这些孩子成年后经常沉迷于不自律的高消费生活方式，而且通常挣不到足够的收入来维持他们习惯了的生活。

南方医生成为理财外行，他父母无节制的生活方式当然是重要原因。他耳濡目染，生活方式甚至比父母的更注重消费。在研究生院和医学院求学期间，他的中上阶层生活方式也从未中断过。父母为他支付了住房和所有其他费用，每年赠予他大量现金。基本上，离家后他也根本没必要改变消费习惯和生活标准。所幸他有那份收入来支持对消费的沉迷。但他的子女呢？他们生活在高消费的环境中，要复制这样的环境凭自己的能力将极为困难。富不过三代。在访谈中南方医生向我们表明，他相信子女永远挣不到他现在收入的哪怕一小部分。

相比之下，北方医生的成年子女表现出更多的独立和自律，部分原因是他们生活在更节俭、更有计划、更自律的环境下。我们提到过，北方夫妇的消费水平更像一个收入不及他们1/3的家庭。处于各种收入水平的理财大师通常都会培养出经济上有自制力、独立的子女，原因就在于这种低于收入水平的生活。理财大师培养的孩子通常也会成为理财大师。

如前文所示，南方医生积累的财富远少于北方医生，在资助成年子女方面的能力也远远不及。但讽刺的是，为经济不独立的成年子女忧心忡忡的恰恰是南方医生。

我们问南方医生和北方医生在子女方面都有哪些恐惧和担心。

可能你已经预料到了，南方医生更关心这一问题，特别表达了下述忧虑：

- 成年子女把他的钱看成自己的收入。

- 需要在经济上支持成年子女。

想象一下，一个南方医生这样的人面临要支持一大家人的前景时，该有多不安。第5章、第6章将详细探讨经济门诊关怀的后果，我们想在这里提示一个要点：如果子女是理财外行，父母致富的可能性要大打折扣！

南方医生的子女认为父母会向他们提供大量经济门诊关怀，南方医生不知子女的这一想法从何而来，也担心没有资源像父母补贴他那样大量补贴子女。他还要面对另一重担忧，即越来越担心子女间相处不好。这份焦虑的根源多半在于那些子女需要父母的资助，而北方医生完全不担心这类问题。

我们问了两位医生这些类型的担忧。南方医生担心：

- 家人、子女争夺他的遗产。

- 被指责在经济方面对某个成年子女偏心。

他的害怕有根据吗？问自己一个问题：南方医生们的 30 岁子女最怕的是什么？是他们从父母那里得到的经济门诊关怀会断绝。许多而立之年的理财外行维持不了与父母生活时的生活水平的一半，如果没有父母的资助，他们连一套普通的房子都买不起。这些"富孩子"到了 40 岁甚至 50 岁时还在接受大量现金和其他经济馈赠的事并不少见。这些成年的理财外行经常为了父母的财产争得不可开交。如果因为同样靠啃老为生的兄弟姐妹的存在，你的经济补贴受到威胁，你会怎么做？

南方医生不仅担心自己的问题，还担心子女的问题。稍稍想一下他将留给他们的遗产能有多少。做一个经济上依赖别人的成年人是什么后果？他们将来要面对多少不安全感和恐惧？他们之间怎么能够拥有和谐、亲密的关系？这些都在南方医生花费越来越多时间考虑的问题之列。

北方医生很少担心这些问题，他的成年子女习惯了生活在更节俭、更自律的环境下，不太可能认为自己需要大量资助。

税收、政府，还是政府

美国的许多高收入者，不管是理财大师还是理财外行，都非常关注联邦政府的一举一动。这些举动源自外力——个体控制不了的力量。南方医生指出，他害怕 4 种与政府有关的外力。有趣的是，这些对北方医生不是大问题。让我们看看这 4 种担心：

• 支付越来越高的联邦所得税。

两位医生都认为，联邦政府很可能会要求高收入者多交税，但南方医生比北方医生更担心增税。南方医生为什么关心这个问题呢？因为他需要尽量提高实现收入来支持过度消费的生活方式，如果政府要求他拿出收入的更多部分来交税，他的生活方式将受到威胁。

北方医生的情况呢？他告诉我们，联邦政府也许会提高税负在他实现收入中的占比，但他对这个前景不是很担心。去年他付了约27.7 万美元所得税（见表 3-3），这似乎是很大一笔钱，但请从北方医生的角度来看。他倾向于看所得税在净资产总值中的占比，而不是在实现收入中的占比。

如果政府将高收入者的税率提高一倍会怎样呢？这种可能性很小，但作为例子，北方医生每年将需要支付相当于其净资产总值8%的税款，而南方医生的所得税将达到其净资产总值的150%！难怪北方医生对支付更高的联邦所得税的关注度远低于南方医生。

表 3-3 收入与财富比较：北方夫妇对比南方夫妇

家庭	年度总实现收入（美元）	所得税总额（美元）	税负收入比（%）	净资产总值（美元）	税负净资产比（%）
北方夫妇	730 000	277 000	38	7 500 000	3.69
南方夫妇	715 000	300 000	42	400 000	75

- 政府支出和联邦赤字增长。

南方医生非常关注这个问题，他认为政府的支出增长将带来更高的所得税。出于前文提到的原因，北方医生不太关注这个问题。

- 通胀率高企。

南方医生担心，政府增加开支和提高赤字之类举动将推高通胀率。他对这个问题的关心程度为中等，因为与许多理财外行一样，他不停地换更好的住房、汽车、衣服，等等。北方医生则认为通胀将大大提高他的投资组合里至少一部分资产的价值。

- 政府加强对工商业的监管。

大部分医生觉得这种类型的政府行动是针对他们的，他们将政府监管力度的加强看成公费医疗到来的前奏。两位医生都觉得，这将给他们的专业服务收费带来负面影响。

南方医生指出，这个问题是重大隐忧，而北方医生仅将这类举动看成小小的担忧。

为什么两位受访者看待事情如此不同呢？

对于那些用大部分收入支撑生活方式的高收入者，政府举动常常构成威胁。当政客以"富人"为目标能获得政治利益时，这一点特别明显。实际上，政客针对的是高收入者而不是富人，大部分政客搞不清高收入和高财富水平间的区别。他们拿高财富水平的人毫无办法。

大部分善于积累财富的百万富翁是个体经营者，为自己工作的人对经济前途的控制力远大于雇员。相反，今天的雇员，即使是高收入的高管，对自己生计的控制也大不如前。例如，裁员正在打击许多人，甚至是那些最能干的雇员。通常连高收入的雇员都不太可能成为百万富翁。

在威胁到谋生能力的外力面前，不善于积累财富的雇员（非个体经营者）尤其脆弱。我们发现，只有19%的理财大师担心失业，相对地，36%的高收入非百万富翁（理财外行）有此担心（见表3-4）。但即使经常担心这可怕的前景，许多高收入雇员依然偏好消费。

财务目标：言与行

在财富积累方面，许多高收入的理财大师和理财外行表达了类似的目标。例如，两个群体都有超过 3/4 的人表明他们有下述目标：

- 退休时攒到足够的钱。
- 增加财富。
- 通过资本升值致富。
- 在资产保值的基础上积累资本。

但说出一组目标不一定意味着身体力行。大部分人想成为富人，但很多人没有投入必要的时间、精力和资金来提高实现目标的可能性。

时间分配

大部分理财大师同意下述说法，大部分理财外行则不同意：

- 我花许多时间规划经济前途。
- 通常我有足够时间正确处理投资。
- 在时间分配方面，我将对资产的管理置于其他活动之前。

相反，理财外行通常会同意下述说法：

- 我没法在投资决策上投入足够的时间。
- 我实在太忙，没多少时间处理财务事项。

理财大师和理财外行实际分配用于规划投资的时间也不同。对表现出财富积累倾向的人来说，规划通常是一个根深蒂固的习惯。即使在中等收入的投资者中，规划和财富积累也是高度相关的因素。例如，在对 854 名中等收入对象的调查中（见表 3-5），我们发现投资规划和财富积累间有很强的正相关关系。

表 3-4　忧虑、恐惧和担心比较：理财大师对比理财外行

问题	理财大师[*1]中对此问题忧虑、恐惧和担心的比例：（样本量=155）	理财外行[*2]中对此问题忧虑、恐惧和担心的比例：（样本量=205）	重大区别
I　你的经济状况			
不够富有，不能舒适地退休	43	60	是
收入不够高，维持不了家庭的消费习惯	31	37	否
不得不退休	20	18	否
丢掉工作、职位	19	36	是
生活标准急剧下降	44	44	否
永远无法积累大量财富	32	42	是
自己生意失败	38	32	否
过早死亡的情况下没有能力给家人财务保障	22	32	是
II　子女			
不得不在经济上支持成年子女	23	17	否
子女入不敷出	39	25	是
子女能力低于常人	34	30	否
成年子女搬回家住	13	11	否
子女与不合适的对象结婚	36	34	否
子女把你的钱看成他们的收入	20	18	否
III　你的身体状况			
患上癌症或心脏病	61	58	否
患上视力或听力障碍	47	40	否

（续表）

	遭诈骗、强奸、抢劫或盗窃	38	45	否
	感染艾滋病	13	11	否
IV	政府			
	政府开支和联邦赤字增加	88	78	是
	政府加强对工商业的监管	82	76	否
	支付更高的联邦所得税	80	79	否
	高通胀率	64	52	否
	家人支付很高的遗产税	65	41	是
V	家庭和睦			
	子女为你的财富反目成仇	10	11	否
	家人争夺你的遗产	17	11	否
	被指责在财产方面对某个成年子女偏心	7	8	否
VI	财务顾问			
	遭财务顾问欺诈	26	29	否
	得不到高质量的投资建议	40	33	否
VII	父母、子女和孙辈			
	子女接触毒品	47	59	是
	让父母、岳父母住到你家	12	19	是
	没时间照料子女、孙辈	44	56	是

*1 此样本中的理财大师平均年实现收入为 151 656 美元，平均净资产为 235 万美元，平均年龄为 52 岁。

*2 此样本中的理财外行平均年实现收入为 167 348 美元，平均净资产为 448 618 美元，平均年龄为 48 岁。

为什么许多人花在规划投资上的时间那么少呢？我们在研究富人过程中的一个有趣发现与此有关，许多缺乏投资规划的人与那些调查对象常有相同的感觉：

- 没希望……
- 我没有足够的时间，等到它为我产生回报。
- 我们从未挣过那么多……似乎我们挣得越多，存得越少。
- 工作占用了我们的全部时间。
- 我可没时间每周 20 小时鼓捣投资。

表 3-5　投资规划和人口特征：中等收入理财大师对比理财外行

为投资决策做规划 （平均分配的小时数）	理财大师 （样本量 = 205）	理财外行 （样本量 = 215）
每月	8.4	4.6
每年	100.8	55.2
人口特征		
年龄（平均年龄）	54.4	56.0
家庭年实现收入（平均千美元）	51.5	48.9
净资产（平均千美元）	629.4	105.7
净资产 100 万美元及以上比例（%）	59.6	0.0
预期净资产[1]（平均千美元）	280.2	273.8
实现收入净资产比（%）	8.2	46.3
个体经营者占比（%）	59.1	24.7

*1 预期净资产用财富等式计算：预期净资产＝家庭年度实现收入 × 年龄 ÷10。

但理财大师在这方面远远花不到每周 20 小时。研究一下表 3-5 就会注意到，连理财大师都不需要投入很多时间来规划投资策略。

我们发现，这些中等收入的理财大师平均每月用 8.4 小时规划他们的投资，相当于每年约 100.8 小时。因为 1 年有 8 760 小时，理财大师分配约 1.2% 的时间规划他们的投资。

理财外行平均每月花 4.6 小时规划自己的投资，相当于每年 55.2 小时。换句话说，理财大师平均每年用于计划的时间比理财外行多 83%（100.8 与 55.2）。理财外行的总时间里，每 160 个小时里只分配 1 小时规划他们的投资。理财大师每 87 个小时里分配 1 小时。

是不是只要将用于规划投资的时间增加一倍，理财外行就会自动成为理财大师？不太可能。规划只是积累财富的众多关键因素之一，大部分理财大师有一个严格控制的规划程序，每周、每月、每年，他们都会为投资做规划，他们开始规划的年龄也比理财外行小得多。

另一方面，理财外行更像一些为了减肥偶尔节食的胖子，但这些胖子多半会恢复甚至超过原来的体重。理财外行也许会在新年开始时制订一份计划，列出各种投资目标，这些目标是他们用几天时间制订的宏大计划的结果。这些计划规定分配于投资的金额，同样包含在计划中的也许是对产品和服务消费的“突然强制戒断”而造成的大幅削减。通常情况下，这种冲动计划以及随之而来的生活方式剧变会因太过激进而无法施行，于是那位典型的理财外行很快会对他的财富积累新模型大失所望。不久，他故态复萌，再次放弃了自己做出的多规划、多投资、少消费承诺。

许多理财外行认为，一份很专业的规划将使他们一夜之间成为理财大师。但如果你不遵行，再好的财务规划也没用。理财外行经常认为别人"可以替他们减肥"。有这些情况的理财外行可以去了解理财大师的运作方式，并将从中大为受益。理财大师每月都会制订一些计划，再说一遍，每月只花约 8 小时。理财外行如果知道那样做不会要求他们"辞掉正常工作"，他们也许会多做点计划。理财大师不慌不忙地积累财富，他们并非过着苦行僧的生活，但在平衡工作、计划、投资和消费方面确实有一套制度。

你的时间是自己的

工作因素是理解理财大师和理财外行差异的一个重要方面。注意在我们对中等收入对象的调查中，理财大师和理财外行中的个体经营者占比（59.1%与24.7%，见表3-5）。在这项研究中，个体经营与对投资的规划高度相关。总体上，个体经营者比雇员花更多时间规划投资策略。个体经营者，即使是那些中等收入的人，通常也都将投资规划与工作结合起来。形成鲜明对比的是，大部分雇员的职业工作与规划投资策略不相干。为什么会这样？

个体经营者群体里获得成功的那些人从来没把他们的经济地位视为理所当然。大部分个体经营的中年人经历过经济的兴衰起伏，倾向于通过计划和投资来抵消无法避免的收入变化。他们必须自己建立和管理养老计划，只能靠自己来保障当前和将来的财务状况。通常只有那些非常自律的个体经营者才能在长期经济动荡中活下来。

你也许会问，这些人不是终日辛勤劳作吗？确实，大部分成功的个体经营者每天工作 10 到 14 小时，这也是许多雇员连自立门户的念头都不敢有的原因。他们希望更轻松的工作，想被别人雇用。

但大部分劳动者，甚至那些中等收入水平的劳动者，也是每天努力工作的。至于那些年收入 10 万美元上下的雇员，许多时间和精力也都用在工作上。他们通常没有权利规定自己的工作内容，日常任务通常也不包括每周留出几小时来规划自己的投资。相比之下，个体经营者，尤其是高收入级别的个体经营者，有着不同的职业目标，其中之一是实现财务自由。相反，雇员经常完全依赖雇主。因此，在以一种有利于财富积累的方式规划投资方面，他们通常没那么高的自由度。

计划因素中还有另一个问题需要考虑：理财外行比理财大师花费更少的时间规划投资，部分是因为他们的投资性质。理财外行认为现金、准现金及其等价物如存款账户、货币市场基金和短期国债等都是投资。理财外行持有占总财富至少 20% 的现金、准现金的可能性接近理财大师的两倍。这些现金类别大部分都是有联邦政府信用担保的，出现消费需要时大部分很容易变现。当然，相比按理财大师常用的方式分配财富，规划与现金有关的投资费时更少。

理财大师更有可能投资于通常会增值但不会带来实现收入的类别，倾向于将更高比重的财富投资于私有企业、关联企业、商业地产、上市资产、养老计划、年金和其他税收递延类别。这些类型的投资需要规划，它们也是财富的基础。理财外行持有占财富比重更大的汽车和其他趋于贬值的资产。

频繁交易还是长期持有？

我们调查的几乎所有（95%）百万富翁都拥有股票，大部分有超过 20% 的财富投资于上市公司股票。但如果你认为这些百万富翁频繁交易股票，那你就错了。他们中大部分不会盯着市场的逐日涨跌，不会每天上午打电话向经纪人询问伦敦证券市场的表现，不会根据财经媒体的每日头条交易股票。

你是否将活跃投资人定义为平均持有一只股票仅几天的人？在我们访问的百万富翁中，拥有股票的人中不到 1% 属于这类人。那么持有数周呢？另外 1%。让我们再往长里说，那些平均持有数月但不到一年的：少于 7% 的是"以月计的"投资人。总体而言，我们访问的百万富翁中，只有约 9% 持股不到一年，即是说不到 10% 的百万富翁是活跃投资人。20% 的人平均持股一两年；25% 的人持股在 2 到 4 年间；约 13% 处于 4 到 6 年；32% 的人持有投资超过了 6 年。在我们最近的调查中，42% 的受访百万富翁在此前一年没有交易过投资组合里的股票。

在我们的访问中，所谓的活跃投资人是很难找到的百万富翁类型之一。他们也许是股票经纪人的理想目标，付出了相当数量的与证券交易有关的费用，但他们只代表百万富翁群体中的极少数人。我们遇到的活跃交易人里，非百万富翁要多过百万富翁。这怎么可能呢？因为每天、每周或每月频繁买卖你的持仓会产生非常高的交易费用。

活跃投资人花在交易上的时间常常比研究投资、规划投资更多。相反，百万富翁花更多时间研究数量少得多的几只股票。这样，他们可以集中投入时间和精力，将这些资源用于掌握市场上的一小撮股票。

我们对股票经纪人的财富积累习惯很感兴趣，一直在研究。与其他行业人士相比，股票经纪人收入很高，能获得大量研究数据。

另外，他们交易证券的费用低于其他人，因为他们挣自己的佣金。所有这些高收入的投资顾问都很富有吗？远远不是。我们就这个问题问过许多股票经纪人，也许其中一位告诉我们的话最有代表性：

> 如果我简单地持有……（我的股票），我就发财了，（但我）实在忍不住交易自己的投资组合。我每天都盯着行情显示屏。

注意这位经纪人每年实现收入超过了 20 万美元，但因为他是非常活跃的投资人，很少等待播下的投资种子生长，他实现的所有短期收益都立即纳了税。他不是百万富翁喜欢的经纪人类型。百万富翁更喜欢哪种类型呢？远远不那么活跃的投资人。一些人的投资理念是在详尽研究的基础上买入后持股不动，百万富翁喜欢与这样的人打交道。

让我们回到北方医生和南方医生的案例，看看实际的财务计划。

时间比较

北方医生通常每月抽出约 10 个小时研究、规划未来的投资决策，1 年加起来有 120 个小时（见表 3-6）。南方医生每月抽出 3 个小时，1 年不到 40 个小时。

谁在管理当前投资上花的时间更多？答案又一次在我们预料之中。北方医生在这方面平均每月花费 20 个小时，1 年 240 个小时，而南方医生报告每月只花 1 小时管理当前投资。这当然是造成他没有多少净资产的一个因素。

表 3-6　时间分配：
北方医生对比南方医生，以及他们与理财大师和理财外行的对比

平均每月用于下述活动的时间	北方医生	理财大师（样本量 =155）	南方医生	理财外行（样本量 =205）
研究、规划未来的投资决定	10.0	(10.0)	3.0	(5.5)
管理当前投资	20.0	(8.1)	1.0	(4.2)
锻炼	30.0	(16.3)	10.0	(16.7)

北方医生是个专注的投资人，喜欢两个投资类别：农业用地和医药行业股票。

一开始，一个和我一起在医学院求学的同事……救了个病人，那人认为投资一等农田和果园有利可图。同事投资了，告诉了我，对我说这些人非常诚实。我见到他们，同意他的说法。自那以后我一直在投资……现在还在定期投资。

股市上，我从医药行业股票里赚得最多……制药公司和医疗设备公司……我熟悉这一领域。我研究医疗……药品领域……沃伦·巴菲特就是这样做的……投资他了解和熟悉的公司。你在熟悉的领域必须有种子资金（用于投资的储蓄），我在我的利润分享计划（profit -sharing plan）里有超过 200 万美元。

南方医生负责做出家里的重大投资决定，在 4 家不同的全业务经纪公司开立账户就是他的决定。出人意料的是，他只有不到 20 万

美元证券投资，为什么有 4 个财务顾问？因为他错误地认为自己无须花时间做出投资决定。他对我们坦承，如果没听这些所谓专家的建议，他会"真的"很富有。但即使坏的建议也不便宜，我们估计，仅仅一年，南方医生在与他表现糟糕的 20 万美元投资组合相关的顾问和交易上就花掉超过 3.5 万美元。北方医生呢？同一时期，他在交易费用和财务建议上没花一分钱。他是自己的财务顾问，很少出售股票，并且在农业用地及其产品的直接投资上也没有交易费用。

南方医生则是理财外行的常见做派，被财务顾问骗得团团转。处于他这个位置的人通常会回应来自经纪人的推销电话，接受他们的本周荐股。通常情况下南方医生会在市场上涨时踏空并且过早退出。形成鲜明对比的是，我们访问的大部分理财大师自己做投资决定，花时间、精力研究投资机会。他们也会请教财务顾问，但最终自己做出投资决定。

南方医生有在经纪人推荐的"当前热点"间快进快出的经历，为这些交易付了许多钱。如果这些热点升值，就会产生资本利得税；另一方面，养老金计划内的股票交易时，不用交资本利得税。可惜他对养老金计划没什么热情。我们估计，在访问时他的养老金计划里还不到 4 万美元！

谁为你服务？

你们家的财务顾问是怎么雇来的？你是否在当地报纸的招聘栏目里登报招人？你是否评估你的广告带来的一沓简历？或者，你是否请你的会计师、律师或牧师帮忙找个合格的财务顾问？许多人对我们说，这样的方法实在太费事了。

这并非幸事。在雇用财务顾问方面，你花的知识、时间和精力越多，找到合适人选的可能性就越大。也许你不以为然，觉得不需要在这项工作上费时费力。请换个角度看。

你花费多少时间和精力才找到最近这份工作？今天，你打电话给通用汽车公司、IBM和微软，得到一份工作的可能性有多大？你会谈些什么主题？

> 你好，我是个极有潜力的雇员，我会大大提高任职部门的生产率。我聪明、高效、积极、有风度、衣冠整洁、多才多艺、热心助人。你们希望我什么时候开始工作？

你通过一通电话，尤其是以一次推销电话而受雇的可能性几乎为零。那么，为什么那么多人在接到一个推销电话后就雇了财务顾问呢？因为他们对雇人没经验。

为什么你没达到应有的富裕程度？也许是因为你经营家庭的方式。一家企业，尤其是一家富有成效的企业，会在不认真做背景调查和深入面试的情况下就雇用关键员工吗？不会！然而大多数人，甚至那些高收入的人，会在没有或只有很少"受雇候选人"背景信息的情况下雇请财务顾问。

一些高收入者回应了我们就此话题的访问，声称："但这不是雇用员工，我只是用那个打来电话的家伙做了点投资。"我们对这类说法的回应很简单：像经营一家高效率的企业一样经营你的家庭。最好的企业雇最好的人，找最好的供应商。利用最好的人力资源和最好的供应商，是大部分效益好的企业成功的两个主要原因，其他企业的失败也在于此。你应该将努力推销自己的财务顾问仅仅看成申请人，将他们看成你们家的潜在雇员或供应商，再问自己几个简单的问题：高效的人事经理会用什么标准来评估各个申请人？一个组织中的熟练的采购代理、首席财务官会从这个潜在供应商手里采购投资信息和产品吗？评估潜在供应商以什么为标准，用到什么关键背景信息？

一家经营良好的企业雇用一名财务顾问或投资知识供应商之前，会坚持要求提供许多重要的证明原件，如：推荐信、正式的大学成绩报告单、信用证明、填写详细的雇用申请表、证明申请人有履行职责和工作所需能力的文件，并参与一系列面试。

辨别出高水平财务顾问的能力与积累财富的倾向直接相关，相应地，这一点又与企业主在财富积累方面超过其他所有职业类别的根本原因之一有关。总体上，大部分高收入企业主在评估潜在供应商、应聘者和人力资源方面的经验，比其他职业群体的个人更丰富。做生意需要不断评估这类资源。

"马丁法"

几年前，我们有幸访问了马丁先生，一位非常精明的投资人、白手起家的百万富翁。他参加了我们组织的一次有 8 名百万富翁的重点集体面谈。要加入这个面谈，接受访问者需要至少有 500 万美元的净资产。在一代人时间内积累起 500 万美元净资产是了不起的成就，但即使在这个类别里，马丁先生也很少见，因为他每年（在受雇于人时）挣到的收入从未超过 7.5 万美元！他是如何变得如此富有的？他是我们访问过的最好的投资人之一，通过股市赚到财富。我们发现他非常聪明，精通各种投资知识，在评价投资顾问方面也非常出色。

你也许能预料到，马丁先生订阅了各种各样与投资有关的读物。其中几份订阅读物把它们的邮寄清单卖给经纪人，于是成千上万名财务顾问能看到马丁先生的地址、电话。他估计，每周至少有三四名经纪人打来推销电话，试图招揽投资。他如何对付这些来电呢？他指示秘书使用马丁法盘问所有来电者。何谓马丁法？下面是访谈期间他告诉我们的：

> 我是个与人打交道、考验人的商人。经纪人给我打了很多电话，他们说："我有投资华尔街最好股票的丰富经验……我有为客户赚钱的良好过往记录。"
>
> 我总是说："你有没有一些好的投资想法告诉我，很好的那种？"对方说："当然，尤其是在你愿意交易你的投资组合的情况下。我只操作至少 20 万美元的账户。"
>
> 这时我告诉对方："这么说你确实不错。嗯，这样吧，把你过去几年的个人所得税申报表和过去 3 年投资组合里的股票清单发一份副本给我。如果你赚的比我从投资里赚的多，我会用你做投资。这是我的地址。"
>
> 这时他们说："我们不能让你看那个。"我告诉对方："那你可能在胡说八道。"这就是我考验人的策略，很有效，我用这种方法试出他们的底细。我可是说真的。

也许你在想，马丁先生哪有时间评估从打来推销电话的人那里收来的资格证明呢？作为一位活跃投资人的许多年里，他接到非常多的推销电话。这些推销者里有多少是通过提交资格证明来"申请那份（作为马丁家财务顾问的）工作"的呢？零！这么多打来推销电话的人中，没有一个提交了自己的收入和财富升值数据。

根据马丁先生的说法，"如果这些家伙真的优秀，他们不会把时间花在给我打电话上"。好吧，也许你说得对，马丁先生，但不是所有美国人都有你的投资知识、收入和净资产。许多人如果用上一名财务顾问的服务，哪怕是打来推销电话的财务顾问的服务，他们的财务状况也会更好。原因很简单，大部分财务顾问的投资知识远远多于典型的高收入理财外行。

一个人接触财务顾问的方式与财富增值大有联系。马丁先生如何接触财务顾问呢？与大部分理财大师一样，他用的是人际沟通方式。职业生涯初期，他请他的注册会计师介绍一个好的财务顾问，而注册会计师会提供几个好顾问的名字。他还请注册会计师的其他客户里那些投资似乎一直做得很好的人介绍。随后，他咨询了几名财务顾问。他还依赖其他人提供投资建议，如他的律师和注册会计师。

他一直觉得，这些财务顾问是可信的投资知识来源，因为所有人都得到他的注册会计师或其最成功的客户的推荐。另外，他相当正确地推测，这些财务顾问会把他当成一位特殊客户，并且确实不厌其烦地向他提供了很好的建议和及时的预告。为什么？因为不这样做将会损害他们与自己的职业介绍网络的关系。如果这些顾问提供了糟糕的服务和低质量的建议，马丁先生会怎么做？他会向推荐这些人的注册会计师抱怨。注册会计师不愿失去他这个客户，很可能会将这些顾问剔出职业介绍网络。没有财务顾问喜欢以这种方式被解雇，连较高级别的财务顾问似乎都为重要职业介绍网络的成员发挥出较高的服务水平。

从这个案例中能学到什么？选择一名由见多识广的会计及其拥有长期跑赢市场的投资组合的客户推荐的财务顾问。如果你没有会计，就雇一个。

财富积累的另一个相关因素是雇用注册会计师，不仅为你报税，还提供各种投资建议。要找到一名优秀的会计师，请问问符合理财大师标准的朋友或同事。你也许希望打电话到当地州立大学的会计系，和几名会计系教职工谈谈，请他们介绍几名在帮助客户做出明智的财务决策方面记录良好的毕业生。另一个方法是致电全国性会计师事务所的当地分部，这些事务所在雇人方面往往非常挑剔。即使是大事务所也会有许多在会计和财务规划业务方面的小客户。我们根据两项标准选择注册会计师。首先，这些注册会计师由会计学教授推荐；其次，这些注册会计师大学毕业时先受雇于大型会计师事务所，后来成功开创自己的事务所。我们发现，许多最好的注册会计师和财务规划师都会走这样一条职业道路。

一些注册会计师在帮助顾客积累财富方面比别人做得更好。跟其中几人谈谈，你选的会计师要拥有理财大师集中度最高的客户群。你也许需要向他们解释这个观点。

第 4 章　你的物品不代表你的身份

他们相信，财务自由比展示社会地位更重要。

艾伦先生是一位白手起家的百万富翁，和妻子在一个中产阶层社区的一套三居室里生活了近 40 年，在中西部地区拥有并管理着两家制造类企业。从结婚以来，他就只拥有通用公司出产的大型汽车。他会告诉你，他从未渴望过任何高档汽车或任何表明身份的产品。他的企业和家庭都管理得井井有条，企业收入加上家庭有节制的消费习惯带来许多节余，随即又投入他的企业、商业地产和美国各种优质上市公司的股票。

艾伦先生是我们所称的超级理财大师，其净资产超过相同收入、年龄级别预期值的 10 倍！

职业生涯期间，他帮助了许多企业主，还充当了数十名企业主的导师，向陷入困境的企业主提供财务援助，挽救了许多濒于破产的企业。但他从不贷款给表现出"戴大牛仔帽但没有牛"人生观的人，在他看来这类人永远还不起债，总是"花钱、花钱、花钱，指望着还没挣到手的钱"。

艾伦先生和得到他财务支持的那些人从不觉得生活目标就是摆阔。按艾伦的说法，"那就是我实现了财务自由的原因"：

> 如果你的目标是实现财务安全，你多半做得到……但如果你的目的是挣钱、花钱、过好日子……你永远也做不到。

许多从未实现财务自由的人有一套完全不同的信仰。我们问到他们的目的时，他们谈的是工作和事业，但问及他们为什么如此努力工作、为什么选择现在的事业时，他们的回答完全不同于艾伦先生。他们是理财外行，这些人，尤其是高收入的理财外行，工作是为了花钱，不是为了实现财务自由。理财外行将生活看成一系列上升的消费，不断提高豪华、奢侈水平的运动。

那么哪些人爱好工作，真正从事业中获得满足呢？理财大师还是理财外行？我们研究的大部分案例中，理财大师喜欢工作，而很大一部分理财外行工作是因为他们需要维持令人目眩的消费习惯。艾伦先生反感这类人和他们的习惯。他屡次说：

> 钱永远改变不了一个人的价值……赚钱只是一纸成绩单，只是判断你表现如何的一个方式。

不要劳斯莱斯，拜托

艾伦先生对理财外行的理解极为敏锐。基本上，他觉得物品会改变人：如果得到了某个抬高地位的物品，很可能需要购买其他物品来搭配，才不会显得格格不入，不久整个生活方式都会改变。他非常清楚，表明地位的物品和高消费生活方式是互为补充的。他不会拥有哪怕一件这样的物品。在他看来，它们是对他简朴但高效的生活方式的威胁：

> 积累财富的做法不会改变你的生活方式。即使到了生命的这个阶段，我也不想改变生活习惯。

他的价值观和偏好最近经历了考验。几个因他的帮助而免于破产的企业主决定送他一件特别的生日礼物，这是他们发自内心的表示。但显示地位的礼物不管是来自朋友还是富有的父母，与接受者的价值观和生活方式并不一定相符。这样的礼物经常会给接受者带来巨大压力，迫使他们花更多收入来"填补形象空缺"。

一些富有的父母给成年子女买富人住宅区的房子。这是好主意吗？也许他们该意识到，富人住宅区是高消费住宅区。从财产税到装修压力，从看得见的送孩子上昂贵私立学校的需要到4万美元的雪佛兰萨博班豪华四驱汽车，这些子女现在陷入了挣钱－花钱的怪圈。谢谢你，老爸老妈！

正如艾伦先生这位超级理财大师告诉我们的：

最近出了桩有趣的事。我发现（几个关系不错的商界伙伴）要送我一件意外的礼物——一辆劳斯莱斯！是为我订购的，特别的颜色，特殊的内饰……（在我发现）之前约 4 个月，（他们）订购了……（距交付）还有约 5 个月。

你怎么开口告诉某个（希望）给你一辆劳斯莱斯的人，说你不想要？

艾伦先生为什么拒绝接受这样一件惊人的礼物？

在我的生活里，劳斯莱斯代表的事物没有一样是重要的，我也不想被迫改变生活来配得上（拥有）劳斯莱斯。现在，我钓到鱼直接扔在后座上，但劳斯莱斯不行。我得把你们都带到湖边……每个周末，我都去钓鱼，我在乡间有最好的淡水鱼场。就在这里……我停渔船的地方。

按他的钓鱼方式，他会将血淋淋的鱼扔在自己 4 年车龄的国产普通汽车后座上。但是这样的做法与开一辆劳斯莱斯到湖边不太相称。那也太不合适了。开这样一辆车，他会感觉不自在，因此他声称他或者不再钓鱼，或者拒绝这份礼物。

让我们进一步考虑他的两难处境。他的办公室在他那位于一个老工业区的制造厂里，将要收到的那样一辆汽车与这样的环境也许格格不入。当然，他也不想养两辆车，那样很浪费。他还觉得，一辆豪华汽车会疏远他的许多工人，令他们产生被剥削的感觉，不然老板怎么买得起这么贵的汽车？他还有其他考虑：

开着劳斯莱斯，我就不能去我喜欢去的一些简陋餐馆……不能开着劳斯莱斯去。不，谢谢。我只得打去电话，说："我得跟你们说个事。我不想要它。"它一点儿也不重要……还有（比拥有一辆劳斯莱斯）更好玩……更有趣的事可做。

艾伦先生认识到，对实现财务自由而言，许多显示社会地位的物品是负担，甚至是妨碍。生活的担子已经够重了，为什么还要背上额外的包袱？

百万富翁的购车习惯

百万富翁是如何获得汽车的呢？约81%的人买车，其余人租车。只有23.5%的百万富翁拥有新车（见表4-1），大部分人在过去两年里没买过车，25.2%的人在4年或更长时间里没买过车。

他们为这些车付了多少钱呢？典型的百万富翁最近一次买车时花费金额的中位数是24 800美元（见表4-2），注意30%的人花费在19 500美元或以下。

还请注意，美国的新车买主最近一次购车平均花费超过21 000美元，这比百万富翁花的24 800美元少不了多少！而且，并非所有百万富翁都买新车。有多少人指出他们最近买的是二手车？近37%。另外，许多百万富翁指出，他们最近的汽车消费降了级，买了比之前价格更低的汽车。

这些百万富翁为汽车付过的最高金额是多少呢？我们调查的

百万富翁中，50%一辈子都没买过2.9万美元以上的汽车，每5人里有1人（20%）在一辆车上的花费从未超过19 950美元，80%的人买过的最贵汽车不高于41 300美元。

我们的样本里有近14%的百万富翁说他们的财富为继承而来。从样本里选出这些人，会有什么结果呢？典型的财富继承人在最贵汽车上的花费超过了3.6万美元。形成鲜明对比的是，白手起家的百万富翁付出的少得多——约2.7万美元，比继承财富的百万富翁少了近9 000美元。据此，在购买的最贵汽车方面，普通美国人的平均花费约为典型白手起家的百万富翁的78%。

可以从另一个角度看这一切。接受我们调查的典型百万富翁购买最贵汽车花费金额的中位数约2.9万美元，这相当于他们净资产的不到1%。美国普通车主的平均净资产不到这些百万富翁的2%，他们买车的花费是不是百万富翁花费的2%呢？如果是那样，他们买车平均会花费580美元（2.9万美元的2%）。实际上，普通车主花在买车上的钱至少相当于他们净资产的30%。还请注意，平均而言，美国消费者购买新车的价格是一个典型百万富翁花在一辆汽车上的最高价的72%。这是否让你对美国百万富翁那么少的原因有了点概念？

租车的百万富翁只是少数——不到20%。他们最近租赁的汽车"价格"是多少？我们估计，50%的租赁汽车价格在31 680美元或以下，约80%的租赁汽车价值在44 500美元或以下。大家经常问我们："我该不该租车？"我们的答案都是一样的：

> 超过80%的百万富翁买车，如果超过50%的人开始租车时，我们会改变建议。

表 4-1　百万富翁的汽车：车龄

拥有的最新汽车的车龄[1]	百万富翁占比（%）
当年新车	23.5
去年 /1 年车龄	22.8
2 年车龄	16.1
3 年车龄	12.4
4 年车龄	6.3
5 年车龄	6.6
超过 6 年车龄	12.3

[1] 买车的人占这个百万富翁样本的 81%，租车的人占 19%。

表 4-2　百万富翁的汽车：购买价格

最近所购车型支付的金额（美元）	购车者占比（%）		花在一辆汽车上的最高金额	购车者占比（%）	
	少于该金额的比例	多于该金额的比例		少于该金额的比例	多于该金额的比例
13 500	10	90	17 900	10	90
17 500	20	80	19 950	20	80
19 500	30	70	23 900	30	70
22 300	40	60	26 800	40	60
24 800	50	50	29 000	50	50
27 500	60	40	31 900	60	40
29 200	70	30	35 500	70	30
34 200	80	20	41 300	80	20
44 900	90	10	54 850	90	10
57 500	95	5	69 600	95	5

汽车品牌

百万富翁开什么类型的汽车呢？美国汽车制造商大概会很高兴地看到，他们的品牌在百万富翁开的车里占57.7%，日本品牌占23.5%，欧洲制造商占18.8%。什么品牌的汽车在百万富翁中最受欢迎？下面的名单根据品牌各自的市场份额顺序排列：

• 福特（9.4%），其中最受欢迎的车型包括 F-150 皮卡和探险者 SUV（总的来说，美国 SUV 在富人中越来越流行）。开福特的百万富翁中，约 30% 拥有 F-150 皮卡，25% 的人开探险者。注意，F-150 皮卡是美国销量第一的车型，因此开皮卡的人与许多百万富翁还有共同之处。

• 凯迪拉克（8.8%），其中超过 60% 的凯迪拉克车主开帝威（De Ville）或弗雷特伍德（Fleetwood Brougham）。

• 林肯（7.8%），其中约一半人拥有林肯城市（Town Car）。

• 3 款并列：吉普、雷克萨斯、奔驰（各 6.4%）。几乎所有拥有吉普品牌的百万富翁都选择大切诺基 SUV，这个车型在百万富翁拥有的所有车型中排第一，近 2/3 雷克萨斯车主选择 LS400 车型，最受欢迎的奔驰车型是 S 级。

• 奥兹莫比尔（Oldsmobile，5.9%），其中广受欢迎的型号是奥兹莫比尔 98（Olds 98）。

• 雪佛兰（5.6%），10 种车型出现在名单中，最受欢迎的包括萨博班和开拓者 SUV。

• 丰田（5.1%），其中凯美瑞车型占比超过一半。

• 别克（4.3%），其中特使（Le Sabre）和林荫大道车型最受欢迎。

• 两款并列：日产和沃尔沃（各 2.9%）。最受欢迎的日产车是探路者（Pathfinder）SUV，最受欢迎的沃尔沃是 200 系列。

• 两款并列：克莱斯勒、捷豹（各 2.7%）。

其他流行品牌包括道奇、宝马、马自达、萨博、英菲尼迪、水星、讴歌、本田、吉姆西、大众、路虎、斯巴鲁、庞蒂亚克（Pontiac）、奥迪、五十铃、普利茅斯（Plymouth）和三菱。占比最大的制造商是吸引了约 26.7% 百万富翁的通用汽车公司，随后是福特汽车公司占 19.1%，克莱斯勒占约 11.8%。可见大部分百万富翁开美国普通车，而大部分美国车主也是开美国普通车。那你怎么看出开着福特、凯迪拉克或吉普的邻居是不是百万富翁呢？你看不出。通过别人开的汽车来判断他们的财富特征并不容易。

越来越多富人开始购买美国制造商生产的汽车，尤其是别克、凯迪拉克、雪佛兰、克莱斯勒、福特、林肯和奥兹莫比尔，这一趋势与克莱斯勒、福特和通用制造的 SUV 越来越流行有关。美国普通车吸引富人的地方在哪里呢？通过回顾大概 15 年以前发生的一件事，我们可以回答这个问题。

访问过一组 10 名百万富翁后，我们走进研究所的停车场，非常意外地看到刚刚接受访问的几乎所有百万富翁都开着国产大型普通汽车，包括别克、福特和奥兹莫比尔。我们面面相觑，一个人说："这些人对地位没兴趣，他们按重量买车！"

确实如此。许多美国百万富翁倾向于购买每磅价格更低的大型汽车。所有新车的平均每磅价格是 6.86 美元。别克四门汽车价格每磅不到 6 美元，雪佛兰卡普里斯每磅约 5.27 美元，福特维多利亚皇冠每磅约 5.5 美元，林肯城市每磅不到 10 美元，凯迪拉克弗雷特伍德每磅 8.26 美元，福特探险者每磅约 5.98 美元，最受百万富翁欢迎的型号是每磅 7.09 美元的吉普大切诺基。

这些每磅售价与大型进口车相比如何？宝马 740 轿车每磅超过 15 美元，奔驰 500SL 每磅超过 22 美元，雷克萨斯 LS400 每磅超过 14 美元，法拉利 F40 呢？每磅 175 美元！

许多富裕的受访者乐于驾驶没有所谓身份象征的汽车，更关心价值的客观标准。一些百万富翁确实花重金购买顶级豪车，但这些人只是少数。例如，奔驰去年在美国卖出约 7 万辆，在全美国超过 1 400 万的汽车总销量里只占约 0.5%。同一时期，美国有近 350 万个百万富翁家庭。这说明什么？它表明，大部分富有家庭的成员不开豪华车。在美国，购买或租用进口豪华车的人里 2/3 不是百万富翁。

国产品牌一直受到年龄大的百万富翁青睐。我们相信这一倾向在年轻百万富翁里也越来越普遍。为什么呢？因为百万富翁数量的真正增长依然来自企业主这一部分。一般情况下，在购置汽车方面，企业主比其他人对价格更敏感。成功的企业主以投入产出比来衡量每一笔开支，他们经常问自己，购买汽车的大笔开支将对企业的盈亏及最终对他们的财富产生何种影响。通常情况下他们确定，投资广告和新设备等项目比投资昂贵的汽车性价比更高。

购买行为

买车前，百万富翁会经历怎样的思考和行为过程？我们对百万富翁群体里各种类型的买车人做过广泛研究。富翁与富翁之间在这方面似乎也有很大不同。财富积累离不开态度和行为，研究这些不同事实揭示出与他们的态度和行为有关的宝贵信息。

百万富翁群体里有 4 种独特的买车人类型，构成这 4 种类型基础的是两个基本因素。

其一是经销商忠诚度：一些买车人有反复选择同一家经销商的倾向。"忠实顾客"要买车时倾向与卖给他们上一辆车（及上上一辆车）的经销商打交道。约 45.7% 的百万富翁是忠实顾客（见表4-3）。其他百万富翁则货比三家，这些人占 54.3%。他们无意选择同一家经销商，是非常激进的价格导向的买车人，通常为了买到价格合适的车花上几个月。

决定购车人类型的另一个因素是车辆的选择——新车还是二手车。63.4% 的富人偏向购买新车，其余 36.6% 有只买二手车的强烈倾向。

这两个因素的结合带来 4 种类型的百万富翁购车人（见表 4-3）：
• 类型 1：偏爱新车的忠实顾客（28.6%）
• 类型 2：偏爱新车的货比三家者（34.8%）
• 类型 3：偏爱二手车的忠实顾客（17.1%）
• 类型 4：偏爱二手车的货比三家者（19.5%）

偏爱新车的忠实顾客（28.6%）

有此倾向的人只买新车，并且至少有条件地忠于一家或几家经销商。大部分富人在汽车方面有强烈的厂家、品牌偏好，因此当决定买某一特定品牌的汽车时，忠实顾客已经想好要找哪家经销商。他们看到了从同一家或几家经销商处购买新车的几个好处，但这不意味着他们直接走到喜欢的经销商那里，躺在沙发上任人摆布。价格对他们而言仍是一个重要的考虑因素。也许你觉得这些忠实顾客很懒。他们会是所谓有钱有闲阶级的成员吗？不，这不是他们一次次选择同一家经销商的原因。也许你会猜测，这些买车人只是喜欢他们的经销商。不，感情也不是这个问题的答案。

其实很简单，偏爱新车的忠实顾客更喜欢将在选择车商和车型（新车还是二手车）方面的烦恼降到最低。他们将大量时间和精力用在创造高收入上，相信从工作中赚到的钱远远多过货比三家或到处寻找"划算"的二手车能省下的花费。这群人选择特定的经销商，因为他们还觉得这些经销商能给出最好的一揽子交易条件，其中一些组成部分的价值甚至超过了一辆汽车的价格和物质特性。

为什么这些百万富翁买新车而不是二手车呢？为什么他们对汽车的价格差异没有二手车买家那么敏感呢？首先，新车买家喜欢新车，尽管这不是他们购买新车的唯一原因。在他们看来，买新车比买旧车简单得多，耗费的时间和精力少得多，新车更可靠，车型、颜色和他们需要的配置更齐全。本质上，他们觉得一分钱一分货。

不过即使对这个群体，价格因素还是值得考虑。在去心仪的经销商前，近一半（46%）的人会确定一个特定车型的经销商进货价；约1/3的人至少联系两家互相竞争的经销商，以得到"对将要做的交易的某种感觉"；一些人研究消费杂志和其他期刊，以及披露经销商成本数据的价格指南。位置是理解这个群体的行为的另一个因素，许多人会联络本交易区以外的经销商，但这样做大部分只是为了检验当地的报价。仅有约 10% 的人屡次前往其他城市的经销商。

另一个因素也可用来解释偏爱新车的忠实顾客的倾向：超过 20% 的人选择的经销商是他们的客户。

表 4-3　百万富翁的购车倾向

	对经销商的倾向		
	忠实顾客	货比三家者	总计
车型倾向	1	2	
偏爱新车	偏爱新车的忠实顾客 在所有百万富翁中占比 28.6% 在所有忠实顾客中占比 62.5% 在所有偏爱新车的人中占比 45.1%	偏爱新车的货比三家者在所有百万富翁中占比 34.8% 在所有货比三家者中占比 64.1% 在所有偏爱新车的人中占比 54.9%	偏爱新车的人在所有百万富翁中占比 63.4%
	3	4	
偏爱二手车	偏爱二手车的忠实顾客在所有百万富翁中占比 17.1% 在所有忠实顾客中占比 37.5% 在所有偏爱二手车的人中占比 46.8%	偏爱二手车的货比三家者在所有百万富翁中占比 19.5% 在所有货比三家者中占比 35.9% 在所有偏爱二手车的人中占比 53.2%	偏爱二手车的人在所有百万富翁中占比 36.6%
总计	忠实顾客 在所有百万富翁中占比 45.7%	货比三家者 在所有百万富翁中占比 54.3%	

关系网络在美国富人中不仅存在，而且很牢固。许多个体经营的富裕企业主深深认同互惠互利。稍稍想一下，假如你是铺路承包商，某汽车经销商刚刚给你一份为他铺停车场的合同，你会到哪里买汽车？你会从一名热情地握了一次手的陌生人那里，还是从给你合同的经销商那里购买？答案显而易见。

许多忠实顾客是个体经营的专业人士，如医生、律师、注册会计师、财务规划师、建筑师等，他们也相信这种类型的互惠互利。通情达理的人喜欢找那些照顾他们生意的汽车经销商。一家车行的老板拥有超过100名为车行提供产品和服务的供应商也是常事，相应地，他会指望这些供应商回报这份好意。经销商会给照顾自己生意的富有的忠实顾客介绍客户，相应地，25.5%的忠实顾客指出，他们会将某个汽车经销商介绍给同事和朋友。

许多百万富翁对汽车经销商忠诚还有另一个原因：约20%的人选择的车行由他们的亲戚或朋友所拥有。许多人还喜欢与他们选择的车行老板直接交易，37%的人只跟老板洽谈。为什么？因为他们相信这会确保自己得到一份优惠的交易方案。

偏爱新车的货比三家者（34.8%）

有此倾向的富人相信，与花费的时间和精力相比，通过多走几家、与多个汽车经销商洽谈得到的折扣更超值。平均而言，在买过的最贵汽车上，他们付出的价钱比偏爱新车的忠实顾客低9%；最近一次购车，他们比忠实顾客少付了约14%。

忠实顾客倾向购买稍贵的汽车，他们与偏爱新车的货比三家者平均支付价格差异的一半都可以用这一点来解释。相比之下，偏爱新车的货比三家者对有竞争关系的经销商间的价格差异更为敏感。货比三家者通常都是讲价能手，许多人喜欢逛商店、讨价还价。相比忠实顾客，货比三家者不太可能选择亲戚或某个亲密朋友拥有的车行，不太可能介绍其他人去那些给他们很大折扣回报的经销商，不太可能只从车行老板手里购买，也不太可能从与他们有生意往来的经销商那里购买。

另一方面，他们很有可能花上几周甚至几个月"四处寻找最划算的交易"，要求拿到"经销商进货价"或"低于进货价"的价格，或"购买一个折扣力度很大的新车型，一两年内再以原价或更高的价格转手"。

为你的生意竞价

如果你担心为购买下一辆汽车而奔波，可以考虑换个方法。我们的朋友马克·斯图尔特先生用货比三家的方法买了许多汽车，但直到今年他才买了一辆SUV。他在买这种车上没什么经验，但想出个办法来避免花费无数小时去比较互相竞争的经销商。下面是他发给6家当地福特经销商销售经理的传真。

3名销售经理立即做出反应，将很有竞争力的报价传真过来。他接受了一个，似乎他在美国陆军做过采购官的经验在平民生活中也有用武之地。你是否有一台传真机，还想买一辆SUV？

致：新车销售经理

自：马克·斯图尔特

传真：（404）×××–××××

主题：请求报价

如果你对做成我的生意有兴趣，请通过传真号码（404）
×××–××××给我答复。这是现金采购（非贸易），需在＿＿县缴
纳销售税。若你们没有此车库存或订货，我也不着急，可以等待交
付。规格如下：

现款福特探险者四驱限量版

象牙珍珠白、真皮座椅

选装：天窗、CD播放器、前车牌托架

报价应逐项详细列出，包括税金、牌照费、契税和任何其他费
用。我期待收到你的传真回复。请勿来电，如有任何问题，请写在
传真回复中。如果我有任何问题，会给你打电话。谢谢。

偏爱二手车的忠实顾客（17.1%）

为什么百万富翁，例如这个群体里那些年收入超过30万美元、
净资产近400万美元的人，非要买二手车不可？其实他们不需要。

总的来说，这些百万富翁从二手车中得到的满足比新车还多。
购买两三年车龄的旧车时，他们感觉原车主付出了车辆快速贬值期
的钱。他们常常计划两三年后再将车卖出，拿回最初支付的一大部
分费用。许多人还觉得，货比三家、讨价还价是浪费时间和精力，
新车在出厂或批发层面的价格过高，甚至别想以比经销商进货价更

低的价格买一辆新车。对许多人而言，汽车的真正折扣可以从二手车市场拿到。

偏爱二手车的忠实顾客群体中，企业主比重最高。购买汽车时，企业主对价格极为敏感，倾向于用收入的很大一部分投资增值资产，然而许多成功的企业主也需要开高档车，这两者必须平衡。所以，对这个群体，购买较新型号的高档二手车就成为解决方案。他们喜欢的厂家、型号包括二手吉普大切诺基、凯迪拉克帝威、福特 F-150 皮卡和探险者、林肯城市、雪佛兰卡普里斯和萨博班、英菲尼迪 Q45 等。

这一群体成员买车花的钱比两个偏爱新车群体的成员都少，他们的收入中用于购车的比重也是所有群体里最低的。平均而言，他们最近一次购车只花了年收入的 7.6%，最贵的一辆车只花了年收入的 9.9%。最近购车和最贵汽车的支出占他们净资产的比例分别只有 0.68% 和 0.89%。

这个群体的成员如何做出购车和选择哪家经销商的决定呢？首先，大部分人先确定偏爱车型新车的经销商进货价，接着确定该车的预计贬值率，以此来支持他们购买所选车型二手车的决定。许多图书馆和书店都可找到关于二手车当前零售和批发价的信息，另外，注册会计师见多识广，也经常向客户提供这样的信息。

接下来，偏爱二手车的忠实顾客会查看几名经销商的报价，以判断当地经销商从这一群体成员身上"赢得业务"的意愿。一些人查看分类广告登出的个人提供的车辆价格，通常他们会打电话询问私人卖家是否愿意降低要价，多数情况下只是想研究价格敏感程度。他们将收集的信息作为与选定的经销商讲价的筹码。大部分情况下，他们选择的经销商会接受或低于所谓竞争对手的要价。

这个群体的百万富翁一次次选择同一个或几个经销商。他们觉得回头客能得到价格甚至服务方面的让步，但这不是他们忠于固定经销商的唯一理由。与许多偏爱新车的忠实顾客一样，36%的偏爱二手车的忠实顾客告诉我们，他们从与自己有业务往来的经销商手里买车。许多人还选择那些不遗余力地为他们介绍顾客的经销商。记住，这个群体中企业主、个体经营的专业人士和非常成功的销售、市场类人员比重很高。显然，他们相信互惠互利。他们中约1/4从汽车行业内的亲朋好友那里买车，1/3偏爱二手车的忠实顾客买车时只与车行老板洽谈，1/5只与选定的车行的高级专业销售交易。最后这类买家觉得高级专业销售有很强的话语权，能说服销售经理同意低价出售。

偏爱二手车的货比三家者（19.5%）

这个群体是我们描述的汽车买家里对价格最敏感、讲价最积极的一类。他们买车的平均花费比其他3个群体的成员都要少，最近一次购车平均付出22 500美元，买过最贵的车不到3万美元。他们最近一次购车支出占净资产的比例不到0.7%，最贵的车不到0.9%。这个群体在汽车业有顾客、朋友或亲戚的比例最低。既然在汽车业没一个朋友，他们又如何着手做成一笔好交易呢？首先，他们不买新车。并且，你会注意到这个群体的标签——偏爱二手车的货比三家者——不是忠实顾客。这些人从各种渠道买车：多半从个人手里购买，但也经常逛车行、租车公司、金融机构、寄售行、拍卖行和代理商。

偏爱二手车的货比三家者极为耐心,在所有百万富翁买车人里,他们最有可能花上几个月寻找最划算的交易,从不显得急于购买。可以说,他们一直在寻找便宜货,永远处在似找非找、似买非买的状态。

举个例子,这个群体的一个成员漫不经心地四处求购一辆新型号的雪佛兰,已经找了 7 个多月。但不同于第 3 章里的南方医生,这个讨价还价的人从不在买车上花费许多时间。情况似乎是,他在很长的上下班路上会经过 3 家车行。如果看到一辆吸引他的车,他会打电话联系经销商,同时打电话给在分类广告上登出汽车信息的卖家。最后,他从个人手里买了一辆车,价格明显低于联系过的任何经销商。他告诉卖家:

> 我不急,你可以一两个月后给我打电话,我会出个价。但是现在你的要价几乎和我过去几周联系过的所有车行一样高。

他对联系过的所有人说的都是这番话。他还喜欢在一年中的某个时间段去洽谈,声称从 12 月的最后两周到 2 月讲价最容易成功,他说在冬季卖家找不到很多外出的购车人,与圣诞节有关的开支和活动分散了大部分潜在买家的注意力,寒冷的天气阻止了他们在此期间购物。但这些阻止不了许多偏爱二手车的货比三家者。在这几个月里,同时有 4 个甚至更多卖家竞争他们的业务一点儿都不奇怪!

这个群体成员通常购买 2 到 4 年车龄、里程数少的汽车,喜欢的品牌有福特、奔驰、凯迪拉克、雷克萨斯、雪佛兰、日产和讴歌等。

购车习惯的启示

通过分析富人的购车习惯，可以了解很多关于他们的信息。例如，大部分百万富翁喜欢货比三家而不是忠于特定经销商。你可能自然而然地反驳，这样的人占比高不了多少（54.3% 与 45.7%）。但这一差额有点误导。一些忠实顾客有此倾向是因为他们与喜欢的经销商有很强的互惠关系，请去除这些人占的比重，还请去掉那些选择由亲戚或朋友拥有的车行的忠实顾客，最后再计算忠实顾客与货比三家者的各自占比。如果这样做，你会发现，在美国百万富翁群体中，货比三家者的数量至少是忠实顾客的两倍。

美国普通购车人的总体情况如何呢？大部分购车人都不富有，因此预计他们会花更多时间和精力寻找最划算的交易的想法顺理成章。但我们的研究结果正好相反，与百万富翁相比，穷人反而不太可能到处去找车、讲价。购车行为确实有助于解释为什么有钱人善于积累财富，而大部分人则永远富不起来。

买车时拼命讲价的人在购买其他消费产品时通常也会讨价还价，通常也会规划开支。考虑到这些发现，上述 4 种买家类型中，你会预计哪一种总体上最为节俭？

是不是猜测是偏爱二手车的货比三家者？在买车方面，偏爱二手车的货比三家者是讲价最积极、对价格最敏感的。他们购物时会用上各种各样的资源，并且平均而言花的钱比其他群体的成员少得多。

在我们研究的所有类型中，偏爱二手车的货比三家者对那些有兴趣研究致富之路的人最有启发。为什么？因为在我们研究过的所有类型里，这一群体的成员拥有最高的净资产与收入比：对应 1 美元实际净收入有 17.2 美元净资产。他们在所有 4 个群体中平均收入最少，然而平均积累起超过 300 万美元的净资产。他们是如何做到的？他们的生财之道值得仔细研究。

偏爱二手车、货比三家的百万富翁

哪些因素解释了财富积累方面的差异？收入是一个因素。收入越高，预期拥有的财富水平越高。但请再一次注意，偏爱二手车的百万富翁比其他百万富翁群体的平均收入低得多，约 2/3 的人年收入在 10 万美元上下。

职业是另一个因素。我们多次注意到，企业主在美国百万富翁中的占比极高。相反，大部分高收入职业在高净资产人群中占比偏低，这些人包括医生、公司中层管理人员、高管、牙医、会计、律师、工程师、建筑师、高收入的公务员和教授等。但例外也有。例如，这些非企业主职业里，每个职业都有人进入我们描述的偏爱二手车的货比三家者群体。

即使在百万富翁群体内部，偏爱二手车的货比三家者也很独特。注意，平均而言，他们在所有 7 种衡量节俭的指标上都得到最高分值（见表 4-4）。

他们节俭行为的背后是一套坚定的信念：首先，他们坚信财务自由的好处；其次，他们相信节俭是实现财务自由的关键。他们不断提醒自己，许多人拥有高档物品如昂贵的服装、珠宝、汽车和游泳池，但这些人实际没多少钱，以此告诫自己花钱不要大手大脚。

他们还经常将同样的道理教给子女。在我们研究的一个案例中，一个孩子曾问父亲家里为什么没有游泳池，父亲用许多节俭的人说过的"戴大牛仔帽但没有牛"来回答他，说他们可以建个游泳池，但那样家里就没钱送他上康奈尔大学了。

现在，那个叫卡尔的孩子已从康奈尔大学毕业。确实，他家人从未盖起游泳池。当卡尔的孩子问到父亲的节俭倾向时，他会怎么说呢？他能不能为他的购物倾向和节俭习惯辩护？对这个问题的答案反映在表 4-4 的结果里。

偏爱二手车的货比三家者极有可能会声称："我的父母非常节俭。"

这一群体的一名成员曾经跟我们说过他的节俭习惯，说他的父母是农民：

> 我在内布拉斯加州的家人理解美元的价值。
>
> 父亲常说，种子很像美元，你可以吃掉或播下种子。如果你看到种子变成什么……10 英尺高的玉米……你就不想浪费它们。吃掉它们，或种下它们。看到庄稼长大，我总是非常激动。

开着不起眼的 3 年车龄的国产四门汽车，这个人非常满足。他相信他的车绝不会向大家表明他非常富有，也不会招来小偷跟踪他到家偷东西。他经常说他的车会是"在机场停车场最后一辆被偷走的车"。

表 4-4　各类购车群体的经济生活方式

经济和财务生活方式相关因素	偏爱新车的忠实顾客（28.6%）	偏爱新车的货比三家者（34.8%）	偏爱二手车的忠实顾客（17.1%）	偏爱二手车的货比三家者（19.5%）
消费观念"住在高档住宅的大部分人没有什么实际财富"	59*1 低 (4)	106 低 (3)	111 高 (2)	136*2 高 (1)
自我规定的节俭倾向"我一直很节俭"	82 低 (4)	108 高 (2)	89 低 (3)	121 高 (1)
节俭倾向遗传"我父母非常节俭"	91 低 (4)	99 平均 (3)	105 平均 (2)	111 高 (1)
家庭预算倾向"我们家根据一份精心制订的年度预算过日子"	95 平均 (3)	101 平均 (2)	85 低 (4)	118 高 (1)
细致记录倾向"我知道全家每年在衣、食、住上花费多少"	101 平均 (2)	94 平均 (4)	96 平均 (3)	112 高 (1)
买衣服倾向于讨价还价"我从未买过一套不打折的西服"	69 低 (4)	89 低 (3)	123 高 (2)	145 高 (1)
选择折扣商店倾向"我经常在工厂直营店买西服"	62 低 (4)	106 平均 (3)	111 高 (2)	136 高 (1)

*1 例如，与所有百万富翁的综合得分（100）相比，偏爱新车的忠实顾客在消费观念方面的得分低得多（59），在消费观念评分中得分最低（第 4）。

*2 例如，与所有百万富翁的综合得分（100）相比，偏爱二手车的货比三家者在消费观念方面的得分高得多（136），在消费观念评分中排名第 1。

节俭即财富

节俭是偏爱二手车的货比三家者致富的一个重要原因，节俭为他们提供了投资的资金基础。他们将收入用于投资的比重远大于任何其他类型的买车人，这一点也适用于他们对养老金、年金计划的投入。你也许已经预计到了，这一群体包含比重最高的理财大师。这一群体更有可能同意下述说法："我们家根据一份精心制订的年度预算过日子。"

要正确地做预算，你必须记录支出。偏爱二手车的货比三家者比任何其他类型的人更事无巨细，他们中有更多人同意"我知道全家每年在衣、食、住上花费多少"。

在购买服装方面，偏爱二手车的货比三家者也很会讨价还价，在这方面的得分是总体最高的 145 分（见表 4-4）。他们中相当高比重的人同意下述说法："我从未买过一套不打折的西服。"

偏爱二手车的货比三家者比其他类型买车人更有可能选择折扣商店，这一点可以很容易地从他们对下述说法的反应中看出来："我经常在工厂直营店买西服。"

另外，他们选择西尔斯百货的频率比其他类型的百万富翁买车人高得多。这个群体在各种项目上的开支平均要少得多。第 2 章讨论过，我们请百万富翁受访人说说他们为一块手表、一套西服、一双皮鞋花费的最高金额，偏爱二手车的货比三家者再次表现出节俭倾向，这个群体的成员在手表上只花了其他百万富翁的 59%，在西服上是 83%，在鞋上则是 88%。

大部分人没有能力大幅增加收入，然而收入与财富正相关，那么我们会得出什么信息？如果不能大幅增加薪水，就换个方式致富——从"防守"方面着手。这就是大部分偏爱二手车的货比三家者的做法。他们成功地防止了自己染上许多邻居感染的高消费生活方式病。超过70%的邻居收入等于或超过他们，但只有不到50%有100万美元或更多净资产。

这些百万富翁的高收入、低净资产邻居做出了错误的假设，认为只要致力于赚取高收入，富裕自会水到渠成。在这方面，他们的"进攻"非常出色，大部分人在所有美国家庭收入分布中处于前3%或4%甚至更高的位置，大部分有百万富翁的派头，但他们不富裕，他们的"防守"一团糟。我们多次提到无数百万富翁告诉我们的那条信念：在美国，挣大钱比积累财富容易得多。

为什么会是这样？因为我们是一个消费主导的社会。偏爱二手车的货比三家者的那些高收入的非百万富翁邻居，是美国最偏重消费的一群人。

案例研究

J.S.先生，注册会计师，偏爱新车的忠实顾客

J.S.先生是一家规模不大但效益很好的会计师事务所3名高级合伙人之一，也是一位百万富翁。J.S.喜欢买新车，对买二手车完全没兴趣，认为开二手车就像穿别人的旧衣服。他是忠实顾客，部分原因是"（他的）时间比货比三家得到的所谓大折扣宝贵得多"。另外，他从一个有业务往来的经销商手里买车。

关系网络和互惠互利，成为许多偏爱新车的忠实顾客的购车习惯背后的主要因素。J.S.如何把车商发展成自己的客户？在车行老板购买J.S.的会计服务前，J.S.就把自己的十几名客户介绍给他。车行老板之前与另一家会计师事务所打了多年交道，最后才意识到这家事务所没把任何客户介绍给他。

现在，这个经销商和J.S.有了强大的互惠联系。个体经营的企业主有一大优势，就是有能力影响自己企业的长期合作伙伴。在J.S.这个例子里，他还使用了对另外几个客户的影响力。他是许多客户的经销商意见领袖，J.S.清楚地告诉自己介绍的每个客户，那个经销商也是他的客户。相应地，那个经销商很可能会向这些客户提供优惠服务和价格折扣。过去10年来，J.S.帮助自己的经销商客户售出超过30辆汽车，在此期间那个经销商在J.S.那里消费了数千美元的会计服务。

T. F.先生，股票经纪人，偏爱二手车的忠实顾客

T. F.先生是股票经纪人、百万富翁，喜欢购买较新型号的二手豪华车。从同一个经销商那里买了几辆车后，T. F.有了个想法：亲自给车行老板打个推销电话。T. F.首先提醒对方，自己过去5年来从他那里买了3辆车，还给他介绍了自己的几名客户，接着问对方会不会投桃报李，做一些投资业务。经销商坦率地回答说自己卖车给几十个股票经纪人，不可能与所有人都做生意。

T. F.理解这一处境，转而提出一项提议，询问经销商能不能提供他的前5名供应商的名字："假设有人请你列出这个州的年度供应商，谁会在你的名单中排名靠前？谁为这个地方盖了新房子？我

能不能提到是你建议我给他打电话的？"

这名经销商真的将几名重要供应商介绍给 T. F.。T. F. 依然从他这里买车并介绍客户，作为回报，对方也给 T. F. 介绍业务。

作者托马斯·斯坦利卖车记

圣诞节前，我在当地报纸分类广告栏叫卖我家的一辆讴歌里程汽车。在这之前，我致电经销商，他向我建议了这辆车能够卖出的最高价，那就是我在广告上登出的价格。我一直精心保养这辆车，它有几乎所有能想到的配置，包括所谓的"黄金套餐"。车子停在车库里。我的经销商做了所有规定的保养和调整，甚至用了美孚 1 号全合成机油！车子有一副很好的、只跑了几千英里的米其林 MXV4 轮胎。此外或许最重要的是，我买的时候是新车。我在分类广告中列出了所有这些特点。

请让我描述一些花时间过来看这辆车的人。

1 号购车人为女性，职业是高级营销经理，来时开一辆英菲尼迪 Q45。看到她的车，我问她为什么对这辆里程感兴趣，因为她的车看上去几乎是新的。她说这辆车是她丈夫的，是他们俩近一年前买的二手车。她刚刚在几名经销商那里看过"有前主人的"里程和英菲尼迪。她很明白地说她和丈夫有买二手车的倾向，他们并非钟情某些汽车品牌，但确实偏爱数量有限的几款车型，包括讴歌里程、英菲尼迪 Q45 和雷克萨斯 400 系列。

来见我那天，她请了一下午假。她有一幅亚特兰大地区的地图，标出了选择的经销商和几个个人卖家的地址。她以这种方式向我清楚地表明，她对许多"难以抗拒的机会"心知肚明。

她显然非常精于评估二手车，立即指出我的车驾驶员一侧车门上有一个小坑。她查看了车的内部、发动机舱和全车外观，接着问我为什么要卖这辆车。我回答说："我的孩子讨厌四门汽车，认为里程适合像父母那样乏味的中年人！他们更喜欢哪怕是很旧的四驱SUV或双门跑车。"

她愣了一会儿，想着我的说辞。现在想来，我猜她更想听到别的回答。她也许希望我说卖车是为了还债，这会让她还起价来底气更足。不过她还是尝试想谈成一个更低的价格。她问："这辆车你最低愿意卖多少？"我回答："如果30天后还卖不掉，我会考虑降价。"接着我指向前座上的文件夹，那里装着所有保养记录、最初的车窗标签，等等。她转身回到丈夫的二手Q45里，驾车离开。我再也没听到她的消息。我确信她找到了自己想找的，即来自某个急于卖车的人的一辆价格很实惠的新款二手车。

2号购车人为男性，他的具体职务也许会令人觉得特别有趣，是汽车出租部门的副总裁。我猜你可以说，他对汽车的价格一定有深刻了解。他还明白买车和租车的相对优势。似乎这位出租新车的专家将时间花在寻找一辆实惠的二手车上。

他也在寻找真正划算的交易。他对几个高档日本品牌有兴趣，与1号购车人一样不钟情于任何特定品牌。他花了相当多时间查阅保养和其他记录，接着问了与1号购车人一样的问题："请别见怪，这辆车你最低要多少？"我给了他同样的答案。他也走了，我还在等他的电话。

3 号购车人为男性，是一位富有的前企业主，是我接触过的人里最有趣的。打电话给我时，他提到正打算开车带妻子去一家购物中心。他问了我的地址，发现正好顺路。不久，他和妻子开着一辆宝马 5 系来了。那辆车好像刚刚从展厅出来，因此我问他为什么需要买这辆讴歌。他告诉我那是他妻子的车，接着他上上下下查看了我的车。

他检查的时候，我和他妻子有了一番有趣的谈话。她告诉我，她丈夫刚刚卖掉一家成功的软件企业的股份，他们是百万富翁。丈夫依然在那个组织当顾问，但现在有了更多时间做别的事。她还说自他们结婚 30 年以来，丈夫从没买过一辆新车。显然，他差不多是不断地在寻找价格实惠的汽车，特别倾向于购买二手的高档日本车或德国车，但从不匆忙做出购买决定。与偏爱二手车的货比三家者群体的许多人一样，通过比较多名个人卖家而做成一笔好交易，会带给他极大的快乐。

我猜这正是他花时间和我聊天的原因。他问我做什么工作，问我的企业经营如何。也许他以为我是个失业的公司高管，要不然怎么会工作日下午还穿着卡其裤和法兰绒衬衫待在家里？我告诉他我是作家，正在写第四本书。他问我另外 3 本书销量如何。"很好。"我回答。接着他皱皱眉，问出那个实质性问题："你愿不愿把要价减掉 1 500 美元？"我再次回答："也许 30 天后会，如果在那之前还没卖掉的话。"我依然在等他的消息！他似乎对我保养汽车的做法很满意，因此就在离开前还问我是否有意卖掉其他的车。他指着我那辆高性能的科迈罗 Z28，我只得又一次拒绝他的提议。

4 号购车人为女性，职业是教师。在货比三家的二手车购买人里，教师和教授的比重很高，这不是很有趣的现象吗？一个星期五晚上，4 号购车人给我打电话（周末电话费率什么时候打折？），问了一大堆问题。这阵连珠炮似的简介过后，她告诉我，她住在离亚特兰大几百英里的"产棉花的"乡下，正挨个给在亚特兰大的分类广告上登出讴歌里程的车主打电话。

她答应下星期三再联系我。她遵守了承诺，问我能否给她传真一份证据，证明这辆车没有未还清的抵押债务，还问能不能给她一份更详细的车辆配置清单。我给她传真了权属证书和写着价格和配置的原始车窗标签。接着她告诉我，计划这个星期五来亚特兰大看几辆待售汽车。

她和丈夫如约来到我家。她丈夫是位成功的棉花种植场主，他们开一辆型号较新的日产西玛，车况似乎相当好。4 号购车人试驾了我的讴歌，带着我和她丈夫在我们社区转了约 20 分钟。在此期间，我得以和他们聊了聊。为什么他们要从种棉花的乡村大老远开车过来？为什么他们想买辆旧车？农场主不是应该很节俭的吗？

这对夫妇似乎每隔两三年就要买一辆较新型号的二手高档日本车。他们发现大城市的价格更好，机会也多得多（他们距最近的讴歌经销商有近 150 英里）。他们购买和我这辆差不多的汽车，两三年后以购入价在他们那个乡村社区卖掉。

4 号购车人和丈夫让我相信他们很节俭。他们带来一张认证支票，金额比我的要价少 1 000 美元。试驾回来后，农场主问妻子："你不要试试和这老兄谈谈吗？"她回答说："这老兄不需要卖掉这辆车，而且车况非常好。"丈夫点头称是。于是她给了我那张认证支票和 10 张 100 美元的钞票。签完所有文件，成交之后，她说我的车在距她农场最近的经销商那里至少要多卖 3 000 美元。我回答说，她下周一开车去学校时，同事多半会对这辆车赞不绝口。她丈夫说，如果知道她付了这么少的钱，别的老师才会真的赞叹不已。

我尤其感兴趣的是他的一句评论："我妻子有个同事开一辆崭新的、类似配置的奔驰。她租来开的，租了 60 个月，每月 600 美元。你知不知道要付这些钱得卖多少棉花？"

一个节俭的教授与理财外行比邻而居

比尔博士是工程学教授，家庭年收入从未超过 8 万美元，他是如何成为百万富翁的呢？他没继承财产，没中过彩票大奖，也没雇用过一个将几千美元变成一大笔钱的投资顾问。他在积累财富上的成功在于他过着远低于收入水平的日子。这位教授是偏爱二手车的货比三家者的经典例子。但与这个买车人群体的大部分人一样，他从未忽视过家人。他全额支付了子女的大学学费，甚至更多；他和家人住在中上阶层住宅区的一幢漂亮房子里。他这个群体约 80% 的成员住在价值介于 30 万到 50 万美元之间的房子里。

比尔博士的目标一直是实现财务自由，但他从未想当企业主。企业主致富通常要冒很大风险，要利用数十人甚至数百人的劳动和技能。比尔博士天性只适合当一名教授。他这样的人并不少见，这个国家的大部分人不具备成为企业主的能力，但这并不意味着他们不能成为百万富翁。

大家常常误会我们关于致富和身为企业主之间关系的信息。我们不是要让人们放弃自己在医药、法律、会计和其他领域的事业，加入企业主行列。除非你真的想那样而且完全有能力成功，否则不要考虑这样的改变。如果你能拿到相当不错的收入，比如普通美国家庭收入的两倍，或 6.5 万到 7 万美元，并且采用那些偏爱二手车的货比三家的百万富翁发展出来的"防守"策略，有一天你可能也会变得富有。

比尔博士的大部分非百万富翁邻居不做家庭预算，不做消费计划，结果，除了收入上限外，他们的家庭开支没有任何限制。然而，正是这些人很可能会对比尔博士这类节俭的邻居说三道四。

诺曼先生是一位高管，住在比尔博士那个住宅区一幢价值 40 万美元的房子里，去年的家庭收入超过 15 万美元。但除了住房产权、汽车和公司养老金计划外，他的投资接近零，家庭净资产低于 20 万美元。诺曼先生和妻子都是 50 岁，同样 50 岁的还有他们的邻居，偏爱二手车的货比三家者——比尔博士和妻子。比尔家的收入只有诺曼家的一半左右，但净资产是诺曼家的 9 倍。这可能吗？

这不仅可能，而且可能性很大，在意料之中。"进攻"出色、"防守"糟糕的结果就是理财外行。诺曼夫妇这样的人并不少见，在他们这个住宅区，理财外行比比尔一家那样的理财大师多得多。

诺曼夫妇这样的理财外行想到买二手车都会觉得没面子，根本不考虑二手车。他们的邻居比尔从没觉得购买高档二手车有什么丢脸。实际上，购买保养良好的二手车带给他极大的满足。日积月累，他估计，买旧车而非新车省下的钱完全够支付子女就读大学和研究生院的学费。

比尔博士最近一次买的车，那辆 3 年车龄的宝马 5 系来自哪里呢？从加里手里。加里是高科技企业的一名高收入、高消费的销售专业人士，他只买进口新车。如果和大部分理财外行的想法一致，他肯定相信，买那辆旧宝马5系的人经济状况不如他。这是身为理财外行的明确表现之一，他们通常自以为比邻居有钱。许多理财外行还认为，人会开他们买得起的最好的车。

换个思路考虑此事，理财外行加里正在为比尔博士购车提供补贴。加里承担了一辆好车前3年的快速贬值，接着将产权转让给比尔博士这位节俭的百万富翁。而且加里是雇员，不能在应税收入里扣除折旧费，他在汽车行业也没有朋友、亲戚或客户。他得不到税收扣除，没有一个拥有车行的亲戚给他大折扣，也不能从身处汽车行业的顾客、客户那里得到回报。他的汽车消费纯粹是为了享受。

加里、诺曼和其他各种理财外行应该知道些什么？那就是他们在汽车上花的钱比典型的美国百万富翁更多。加里的收入与许多百万富翁相当，但他不是百万富翁，也许他大量消费的高档物品给了他补偿。他是不是想学他所在公司总裁的开车、买车习惯？但总裁是百万富翁，拥有公司股份。与加里不同，那位总裁直到富起来之后才买了昂贵的汽车，在此之前则通过购买股票将许多收入投到公司。相比之下，加里购买昂贵的汽车，指望着富起来，但那一天不太可能会到来。

第5章 经济门诊关怀

他们的父母不提供经济门诊关怀。

斯坦利博士和丹科博士：

我刚刚读完一篇介绍你们研究百万富翁的文章。我妻子有一份到期的信托，她父母不愿转给她。我岳母一直拿文件来搪塞我们，她似乎打定主意，永远不将这份信托基金转给我妻子。

你们在研究中有没有可能联系到我妻子家的人？她的名字是_____。或者，你们也许可以给我们另一个信息源，告诉我们这笔信托基金的金额？

谢谢。

L.S.先生

写这封信的人及其妻子迫切需要钱。写信人叫拉马尔，他的妻子玛丽来自富裕家庭。玛丽每年从父母那里收到超过 1.5 万美元赠款。和拉马尔结婚近 30 年来，她持续获得这类馈赠和其他形式的帮助。

现在，她和丈夫都已年过 50。他们住在高级住宅区的一幢漂亮房子里，是乡间俱乐部会员，都喜欢打网球和高尔夫球，都开进口豪车。他们衣着精美，与几个非营利组织关系不错。之前，他们都积极为子女上的私立学校筹款，他们都喜欢美酒、美食、娱乐、高档珠宝和出国旅行。

邻居们认为拉马尔和玛丽是富人，一些人坚信他们是千万富翁。但外表会欺骗人，他们并不富有。他们是否至少有一份很高的收入？没有，两人收入都不高。玛丽是家庭主妇，拉马尔是本地高校的管理人员。他们的生活方式类似收入至少是他们两倍的人，但结婚这么久以来，这对夫妇的年收入从未超过 6 万美元。

也许有人会说，这对夫妇在预算和计划方面做得很好，不然怎么可能用这么少的收入过得那么奢侈？但他们从未拼凑出一份预算计划，年年入不敷出，还花光了玛丽从父母那里得到的全部赠款。简而言之，玛丽和拉马尔能过得如此奢侈，是因为他们是我们所称的经济门诊关怀的接受者。

经济门诊关怀指一些夫妇给成年子女和孙辈的大量经济馈赠和善举。本章将探讨经济门诊关怀的后果，以及它对提供者和接受者生活的影响。

经济门诊关怀

如今，许多经济门诊关怀的提供者在他们的人生早期表现出极高的财富积累技巧。他们在消费和生活方式上通常很节俭，但涉及以"善举"支持儿孙时，一些人就不那么节俭了。这些父母觉得有必要甚至有义务为成年子女及其家庭提供经济门诊关怀。这份慷慨的结果是什么呢？那些提供某种形式经济门诊关怀的父母拥有的资产，比相同年龄、收入和职业群体但子女经济独立的父母少得多，并且总体而言，成年子女收到的钱越多，积累得越少；而那些收到的钱更少的人积累得更多。

经济门诊关怀的提供者通常得出结论，认为如果没有补贴，他们的成年子女就无法维持中产阶层或中上阶层的高消费生活方式。结果，越来越多以富人子女为首的家庭扮演起成功的高收入中上阶层成员的角色，但他们的生活方式只是表象。

这些富人子女大量消费高档商品和服务，如住在位于近郊高档住宅区的传统殖民地样式的房子里，开进口豪华汽车，成为乡间俱乐部会员，为子女选择私立学校等。他们是与经济门诊关怀有关的一个简单规则的生动证据：花别人的钱比花自己挣的钱容易得多。

经济门诊关怀在美国非常普遍，超过 46% 的美国富人每年给成年子女、孙辈价值至少 1.5 万美元的经济门诊关怀；超过半数的年龄小于 35 岁的成年富人子女，每年都会收到父母的现金馈赠。随着成年子女年龄渐长，赠予的比例逐渐降低，45 岁到 55 岁的成年子女里约 20% 会接受这类馈赠。请注意，这些估计基于对成年富人子女的调查，而受赠人有可能低估他们接受馈赠的频率和数额。有趣的是，接受调查时，提供者报告的馈赠行为及金额远远高于作为接受者的成年子女的估计。

许多经济门诊关怀是一次性或不定期给付的。例如，富裕的父母和祖父母可能会将他们的钱币收藏、邮票收藏和类似礼物一次性传给后代。约25%的富裕父母已经将这类收藏传给成年子女或孙辈。类似地，当孙辈需要进行畸齿矫正或整容手术时，经常会产生医药费用，约45%的富人为成年子女、孙辈出过医药费。

接下来10年里，美国富裕人群（定义为净资产100万美元或更高者）的增长速度将是普通家庭数的5到7倍。直接对应这一增长，富裕人群将生出远超以往的子女和孙辈。在此期间，经济门诊关怀的数量将大大增长。下一个10年，百万美元及以上的遗产数量将增长246%，这些遗产总值（按1990年可比美元价值计算）将超过2万亿美元！但富裕的父母将在去世前处理掉接近该数目的财富，这些财富中的很大一部分将由富裕的父母和祖父母在生前分配给子女和孙辈。

今后，提供经济门诊关怀的代价也将成倍增长。私立学校学费、进口豪车、近郊高档住宅区的住房、美容医疗和牙医服务、法学院学费，以及许多其他经济门诊关怀的费用增速，大大超过了一般生活成本指数。

另外，随着人口老龄化，越来越多富裕父母和祖父母即将达到交遗产税的年龄。丧偶者尤其深刻地意识到，政府可以通过遗产税的强制义务拿走他们遗产的55%甚至更多。因此，随着富人年龄增长，为了减少遗产税负担，他们也会增加经济门诊关怀的金额和频率。

玛丽和拉马尔

玛丽和拉马尔如何付得起送两个孩子上私立学校的学费？他们付不起，玛丽的父母支付了账单。不同寻常吗？恰恰相反。我们的调查研究表明，美国43%有孙辈的百万富翁支付了孙辈的私立学校学费的全部或一部分（见表5-1）。我们称这样的补贴为"隔代教育强化"。

最近，我们与一群听我们报告的富裕的祖母、外祖母讨论了这种形式的经济门诊关怀，向她们提供了我们的调查结果。我们既不赞同也不批评这样的举动。报告过后，我们回答了问题。第三位提问的女士借机说出这样一番话：

> 我很生气，但我该拿我的钱做什么？我女儿一家目前很难，日子过得紧巴巴的。你知不知道这儿的公立学校的问题？我要送我的孙辈去私立学校。

在我们看来，玛丽的母亲对于向女儿一家提供经济门诊关怀并非毫无怨言。真正的问题不在公立学校，而是女儿家的经济依赖。女儿嫁了个没本事挣大钱的人，母亲接受不了这个事实。玛丽和她的孩子也许没有能力过上与她母亲相似的中上阶层生活，因此玛丽的母亲决心改善女儿家的境况，贡献出一大笔钱，让女儿一家购买本来买不起的住房。房子在一个高档住宅区，那里的大部分居民都送孩子上私立学校。玛丽的孩子能待在这样一个高消费住宅区的唯一途径是她母亲的大量经济门诊关怀。但她母亲没认识到，这样的环境有很多缺点，还不如让女儿一家完全不依靠别人，即使这样意味着不那么富裕的生活方式。

玛丽很像那位听我们报告的外祖母的女儿。两人都得到了经济门诊关怀。两个例子里，出钱的人都做出同样的假设：经济门诊关怀将"让孩子们把日子过起来"，以后就不再需要了。玛丽的母亲错了，她已经提供她专用配方的经济门诊关怀超过 25 年，女儿家在经济上还要依赖她。

表 5-1　富人夫妇给成年子女、孙辈的经济门诊关怀 [1]

	经济门诊关怀	占富人比例（%）
1	隔代教育强化 ·资助孙辈的私立小学、中学学费	43%
2	子女教育强化 ·资助成年子女的研究生学费	32%
3	代际购买补助 ·支付成年子女的按揭贷款 ·购房资助	17% 59%
4	收入补助 ·给成年子女的"免归还借款"	61%
5	能产生收入的房地产赠予 ·将商业地产转让给成年子女	8%
6	证券转让 ·将上市公司股票赠予成年子女	17%
7	私人资产转让 ·将家族企业所有权（全部或部分）赠予成年子女	15%

[1] 本项研究中的 222 名富人夫妇（百万富翁）都至少有 1 个超过 25 岁的成年子女。

拉马尔也从经济门诊关怀中获益。结婚后不久，拉马尔辞去工作去读研究生。他的父母支付了全部学费和相关费用。这一点儿也不奇怪，32%的美国百万富翁支付了成年子女的研究生教育费用。

拉马尔开始研究生学习后不久，这对夫妇的第一个孩子诞生了。玛丽的母亲不喜欢女儿一家当初在拉马尔上的大学附近租的公寓，不厌其烦地定期派一队清洁工来"将那里打扫一番"。在她看来，那不是女儿一家理想的生活环境，因此提出帮助这对夫妇买套房子。

拉马尔倒也帮助贴补了家用，他在大学兼职当助教，每月拿到几百美元。那时候，玛丽不工作。自结婚以来，她就一直是全职家庭主妇。

玛丽的母亲为女儿一家的住房交了一大笔首付。59%有成年子女的富裕父母告诉我们，他们给孩子提供了"购房资助"，玛丽的母亲还为女儿一家支付按揭贷款。我们访问的百万富翁中，17%表示他们支付了这类款项（见表5-1）。一开始，玛丽的母亲以免息借款的形式拿出这些钱，但最终这些借款转化为更传统的类型——经济门诊关怀的接受者将不须归还的借款视作惯例。61%的美国富人给成年子女提供过这类"借款"。这对夫妇换一套更贵的房子时发生了什么？玛丽的母亲再一次补贴了费用。最终，这对夫妇搬到现在的房子里，而经济门诊关怀成为这次购房的一部分。

拉马尔在研究生院学习了近4年，获得两个学位。现在他是一所学院的管理人员，但每年的薪水不到6万美元，和玛丽依然入不敷出。即使加上岳母每年出的1.5万美元，他们的收入也不足以维持中上阶层生活方式。有趣的是，玛丽和拉马尔的6万美元年收入的水平并不少见。住着价值30万美元房子的美国家庭，约30%的年收入在6万美元或以下。这是因为天才的预算，还是美国普遍的经济门诊关怀的结果？大部分情况下，这是因为依赖经济门诊关怀的理财外行。

按玛丽的说法，以拉马尔的收入加上母亲每年的赠款，支付家庭必要开支不成问题。真正困难的是买汽车，而且玛丽和拉马尔喜欢进口豪华车。他们如何将购车费用挤进预算里？他们是否购买二手车来缓解"经济疼痛"？不，他们每3年买一辆新车。为什么这么频繁？因为那是她母亲的周期。每隔约3年，玛丽的母亲会从投资组合里分一些股票给女儿——约17%的美国富人这样做。一些成年接受者会持有这类礼物，但玛丽和拉马尔不会，他们当即卖掉这些证券，用卖得的钱买一辆新车！

但母亲去世后，玛丽和拉马尔怎么办呢？显然，这是小夫妻的一大关切。可惜我们不是预言家，因此没法告诉他们，玛丽的母亲在信托基金里给女儿留了多少钱。我们祝他们好运。即使是一大笔遗产，用不了多长时间，玛丽和拉马尔也会把它们花光。他们已经在计划怎么花这笔横财了：大房子、度假屋和环球旅行在向他们招手。

这幅画面出了什么问题？

坐等下一次经济门诊关怀的成年人通常不会创造财富。赠款常被标上消费用途，被用于支持不现实的高水准生活方式。这正是在玛丽和拉马尔身上发生的，他们每年 6 万美元的收入与同县一对蓝领夫妇加点班的收入一样。那对夫妇的工作都是开公共汽车，然而他们对自己的身份和成就的看法更现实。相反，玛丽和拉马尔生活在幻想中，显得有中上阶层地位是他们在生活中的社会经济目标。

这是否意味着所有富裕父母的成年子女注定会成为玛丽和拉马尔？当然不是。实际上，从统计概率上说，父母积累的财富越多，成年子女取得经济独立的可能性越大。注意美国百万富翁的子女毕业于医学院的可能性是一般家庭子女的 5 倍多，毕业于法学院的可能性则是一般家庭子女的 4 倍多。

为教育买单相当于授子女以渔。玛丽的母亲传授给女儿一家的却是其他内容，她教他们如何花钱，教会他们把她看成授鱼者。经济门诊关怀有许多形式，其中一些对接受者的创造财富能力有很强的积极影响，例如补贴子女的教育，更重要的是规定赠款的用途，从而让他们可以开创或做强自己的事业。许多白手起家的百万富翁、企业主本能地知道这一点。不同于玛丽的母亲，他们偏向于给后代非上市股票，这些不太容易变现换成一辆崭新的进口豪华汽车。

相反，明知用途为消费和支持某种生活方式的赠款会有什么影响呢？我们发现，这类赠款是解释成年富人子女缺乏生财能力的最重要单一因素。这样的"临时"赠款通常会影响接受者的心态。用于消费的赠款削弱了人的积极性和创造力，培养了接受者的依赖习惯，结果就是这些赠款必须延续到接受者一生的大部分时间。

许多成年人依赖补贴的生活方式还有另一个后果。邻居看到玛丽和拉马尔是如何过日子的，他们会得出什么结论？通常这个结论是，大手大脚花钱是可以接受的生活方式。例如，数年来，玛丽和拉马尔断断续续参加了他们社区的欢迎委员会，别忘了这对夫妇还积极为子女上的私立学校筹款。玛丽和拉马尔传递给新邻居什么样的信息呢？最近，一位冲劲十足、非常成功的销售经理兼副总裁一家搬到这个社区。这位销售高管才35岁，收入接近拉马尔的3倍，和妻子带着3个学龄子女。

欢迎过新邻居后不到10分钟，拉马尔开始了推销。他告诉他们，该地区的公立学校质量太差，但他有办法解决这个问题，随后开始向新邻居游说私立学校的好处。新邻居专心地听着，接着问到学费。拉马尔告诉他们，那点花费与好处相比微不足道，那所中学每年的学费只有9 000美元。他对后搬来的邻居说的是同样一番话，即9 000美元对良好的教育来说是一个很小的代价。为什么？当然，拉马尔喜欢那学校。对他来说，送孩子到那里上学是很划算的交易，因为玛丽的母亲支付了全部学费。

后来，那位销售高管和妻子研究了当地的公立学校体系，发现其教学质量比拉马尔所说好得多。他们决定把孩子都送到公立学校学习，对那里提供的优质教育非常满意。

你如何看待私立学校教育、豪华汽车、国外旅行和舒适住房的价值？你对这些产品和服务的价格有多敏感？拉马尔对高价满不在乎，而那位销售高管正好相反。拉马尔发现花别人的钱比花自己的容易得多。相反，除了自己的大学学费外，那位销售高管从未得到过任何经济门诊关怀。今天，那位销售高管完全自足自立。为什么？因为他的一家人没收到用于消费的经济门诊关怀。他很多时间都在努力地工作，理智地投资，提高自己创造价值的能力。相反，拉马尔和玛丽许多时候都无所事事，坐等收到大量经济门诊关怀。

最大的一个问题

你也许会问："如果我给成年子女钱，会宠坏他们吗？"给钱对成年富人子女的全部影响不可能在一章内容里说明白。但请务必注意，那些收到这种钱的人并非媒体经常报道的"游手好闲者"，实际上，他们很可能受过良好教育，拥有受人尊敬的职业地位。富人的成年子女从事最多的 10 种职业如下：

- 公司高管
- 企业主
- 中层管理人员
- 医生
- 广告、市场、销售专业人士
- 律师
- 工程师、建筑师、科学家
- 会计师
- 教授
- 中小学教师

但无可否认，收到赠款的成年子女与没收到的还是有区别的。让我们比较一下这两者的财富和收入特征。因为年龄、财富都和家庭年收入高度相关，因此在收到钱的子女与没收到的子女之间做对比时，控制年龄这个变量非常重要。另外，在 10 种职业分类的每一个类别内比较这两个群体的区别也很有用，因为不同职业群体通常意味着不同的收入和净资产水平。

让我们看一项对各种经济背景的 40 岁到 55 岁的接受赠款者与未接受者的调查，请看表 5-2 的数据。

表 5-2 接受赠款者与未接受者：谁的财富更多、收入更高？

职业	家庭净资产比（%）	排名	家庭年收入比（%）	排名
会计师	57[*1]	10	78[*2]	7
律师	62	9	77	8
广告、市场、销售专业人士	63	8	104	1
企业主	64	7	94	2
公司高管	65	6	79	6
工程师、建筑师、科学家	76	5	74	10
医生	88	4	75	9
中层管理人员	91	3	80	5
教授	128	2	88	4
中小学教师	185	1	92	3
所有职业	81.1	—	91.1	—

*1 举例来说，收到赠款、户主为会计师的家庭的净资产是同一职业类别未接受赠款家庭的 57%。

*2 举例来说，收到赠款、户主为会计师的家庭的年收入是同一职业类别未接受赠款家庭的 78%。

注意在 10 种职业类别中，8 个类别的接受赠款者的净资产水平低于未接受赠款的人。例如，平均而言，50 岁左右接受父母赠款的会计师的净资产，只有同年龄群体未接受赠款者的 57%。另外，收到赠款的会计师的年收入只有未接受赠款的会计师的 78%。

注意在计算收到赠款的会计师的年收入时，赠款未计算在内。如果将这些免税赠款加到接受者的收入里，那么平均而言，接受赠款者的年收入大约是未接受赠款者平均年收入的 98%。即便如此，他们的净资产也只有未接受赠款的会计师的 57%。

接受赠款的会计师不是唯一拥有更低的收入和净资产特征的职业群体。正如表 5-2 所示，另外 7 个职业类别的接受赠款者的财富水平也低于未接受者，这些职业包括律师（62%），广告、市场、销售专业人士（63%），企业主（64%），公司高管（65%），工程师、建筑师、科学家（76%），医生（88%）和中层管理人员（91%）。

10 种职业群体中只有两个群体的赠款接受者的财富水平高于未接受者。接受赠款的中小学教师的收入低于未接受赠款者，但净资产高于后者，收到赠款的教师的平均净资产是未接受者的 185%，但收入只及后者的 92%。收到赠款的教授的净资产是未接受者的 128%，收入是后者的 88%。

富有的父母可以从接受赠款的教师和教授身上学到很多。接受赠款的教师和教授积累财富的倾向比其他 8 个职业类别的受赠者高得多。

我们如何解释这个独特现象？要解释它，我们首先要解释，为什么总体而言，受赠者积累财富的倾向要低于未受赠者。

1. 赠款催生了更多消费而不是储蓄和投资

例如，富有的父母通常补贴孩子买房，他们的本意也许是帮孩子"有个好的开始"。父母假设这类馈赠是一生仅有一次的现象。一些人告诉我们，他们认为"这是子女需要的最后一笔钱"，认为这种善意行为的受益者在不久后能自足自立。近一半情况下，他们想错了。

受赠者多半在创收方面做得很差，收入增长幅度经常赶不上消费。记住，昂贵的住房通常位于我们所称的高消费居住区。在这类地区生活要求的不仅仅是支付按揭贷款。要融入这里，需要在服装、家庭环境、住房维护、汽车、家具等方面"有个住在这里的样子"，也别忘了加上所有其他项目的高财产税。

据此，一份首付赠款，不管是全额还是部分，可以将受赠者置于高消费并继续依赖赠予者的怪圈。但这些受赠者的大部分邻居更有可能没从父母那里得到这样的现金馈赠，他们对自己的生活方式比大部分受赠者更满足、更有信心。这种情况下，许多受赠者对持续的经济资助变得更敏感。他们的目标甚至会突然改变，从专注于自己实现经济成就，转为对额外馈赠的指望和盘算。挣不到大钱的人在这种情况下几乎不可能积累起财富。

首付赠款不是引发更多消费的唯一赠款类型。以一对富有的父母为例，他们送给儿子比尔和儿媳海伦一块价值9 000美元的地毯。我们听说它包含数百万个手工打的结。比尔是土木工程师，为政府工作，每年挣不到5.5万美元，父母觉得必须帮他维持与名校研究生学历相称的生活方式和尊严。当然，这块昂贵的地毯与一套摆满老旧家具和廉价灯具的房子看上去格格不入，因此比尔和海伦觉得有必要购买昂贵的胡桃木餐桌椅、水晶枝形吊灯、银餐具和昂贵的照明灯。就这样，9 000 美元的地毯礼物催生了几乎同样金额的其他"富人物品"的消费。

一段时间后，比尔对母亲提起，当地公立学校没有他读小学时那么好了。母亲回应说，她会支付孙辈的一部分私立学校学费。当然，要不要让孩子转出公立学校体系的决定还得比尔和海伦来做。母亲付了学费的 2/3，比尔和海伦付了 1/3。在这个例子里，母亲一份 12 000 美元的礼物最终让比尔和海伦付出每年 6 000 美元的代价。

而且比尔和海伦还没有考虑送孩子上私立学校的额外花费。例如，除学费外，他们经常被要求给学校捐款；他们还觉得需要买一辆七座旅行车，以便参加学校的汽车合用组织；学校的书费和相关费用也很高。并且相比公立学校的环境，他们的孩子现在接触的多半是过着高消费生活方式的孩子和父母。他们的孩子正期待这个暑假去欧洲旅行，这是孩子们的教育和社交活动的一部分。接受赠款者送孩子上私立学校的概率比未接受者高得多（尽管总体上，私立学校里以未接受赠款者的孩子居多，但那是因为未接受者比接受赠款者的数量多得多）。

2. 接受赠款者一般从未完全区分自己的财产和父母的财产

也许职业资产管理人托尼·蒙塔奇说得最好：

> 接受赠款者……富人的成年子女，觉得父母的财产、资产是他们的收入……给他们花的收入。

接受赠款者通常觉得自己的经济状况不错，一个主要原因是他们接受父母的补贴。而自认为有钱的人常有花钱倾向，实际上，从统计上说，他们和真正富有的未接受赠款者有同样的概率把自己看成富人。尽管只挣到未接受赠款者91%的收入，财富只及后者的81%，他们依然有此感觉。

从接受赠款者一方来看这个问题。成年以后，威廉每年从父母那里收到1万美元免税的赠款。威廉今年48岁。1万美元免税收入可看成多少资本的产物？假设回报率为8%，这笔资本相当于12.5万美元。将这个金额加到他的实际净资产里，结果如何？威廉认为自己拥有的资产比实际资产多12.5万美元。

想想这个类比。你是否曾被站在父母屋子前院的8岁小孩拦住过？如果你这个陌生人想走进院子，对方可能会说："不许走进我的院子。这是我的房子。"他认为这是他的房子。在8岁的年龄，他们也许是对的，毕竟他们是住在家里的孩子，这个年龄的孩子觉得院子、房子和汽车是家里的财产。但随着长大成熟，父母培养他们逐渐融入社会，他们成长为独立的成年人，成长为可以轻易辨别自己和他人财产的成年人。父母教会了他们独立。

不幸的是，越来越多的成年子女在这方面受的教育不足，认识不到心理上和经济上独立于父母的价值。最近，一对父母想知道成年的儿子够不够独立。他们是如何测试的呢？他们以"蒙塔奇效应"为测试的基础。

詹姆斯在父母家吃过感恩节晚餐后，与父母谈了一会儿。父母告诉詹姆斯，他们决定把"他们的"若干商业财产赠给当地一所私立学院，"学院将从这份礼物中真正受益，我们知道你会理解的"。

而詹姆斯的反应如果写成大字标题，大概是这样：

这对富人夫妇的儿子叫道："那也是我的财产！不许学院的人进（我的院子）！"

詹姆斯的反应可以预见。成年以来，他一直从父母那里收到大量现金，每年需要相当于收入 20% 的赠款来维持年度开支。他把父母将资产赠送当地学院的想法看成对他未来收入的威胁。

与众多其他接受赠款者一样，詹姆斯自以为是"自立"的。实际上，在从父母那里收到大量现金的成年人里，约 2/3 将自己看成"自立"俱乐部成员。我们很惊讶地在访问这些人时听到他们说，"我的每一块钱都是自己挣的"。

3. 接受赠款者比未接受者更依赖借贷

那些定期收到赠款或等价物的人对自己的经济状况非常乐观，这种类型的乐观与他们花钱的需要有关。但这笔钱多半没到手，还是未来的经济门诊关怀，接受赠款者会如何对付这个窘境？他们用信用工具来解决现金流问题。为什么等着天上掉馅饼？接受赠款的成年子女更有可能活在对大笔遗产的期待中，觉得那些钱终归是他们的。

虽然接受赠款者的家庭年度总收入只及未接受者的 91%，净资产只有后者的 81%，但他们的借贷倾向远大于未接受者。他们借钱是为了消费，而不是投资。相反，与接受赠款者相比，未接受者借钱更多是为了投资。在几乎每种能想到的信用产品、服务类别的使用方面，接受赠款者都超过了未接受者。这一点既适用于信用的使用次数，也适用于借款余额的实付利息，还适用于个人贷款和未支付的信用卡借款余额。在按揭贷款服务的使用或是为这类目的的资金分配方面，接受赠款者与未接受者之间没多大区别。然而，很大比重的接受赠款者在买房时得到一大笔首付赠款。

4. 接受赠款者投资的资金比未接受者少得多

接受调查时，接受赠款者报告的每年投资不到未接受者的65%。实际上这也是非常保守的估计，因为与大部分严重依赖借款的人一样，接受赠款者也会高估他们的投资金额。例如，在计算实际消费和投资习惯时，他们经常忘记将大额信用购买考虑进去。

这一规律也有例外。接受赠款的教师和教授似乎依然与那些没收到赠款的人一样节俭，甚至有过之而无不及，他们比其他职业的接受赠款者更有可能将收到的钱用于储蓄或投资。本章将更详细地讨论作为模范的教师和教授的情况。

正如我们清楚说明的，接受赠款者是高消费者，而且倾向于借贷，过得比同等收入的未接受者奢侈得多。但人们经常错误地认为接受赠款者只考虑自己的欲望、需要和利益。情况并非如此。平均而言，接受赠款者给慈善机构的捐款比同等收入类别的其他人多得多。例如，家庭年收入在 10 万美元级别的接受赠款者，通常会捐出年收入的近 6% 给慈善事业，而同等收入级别的普通人只捐约3%；接受赠款者捐赠的比例更像那些年收入在 20 万到 40 万美元间的家庭，后者为高尚事业捐出收入的大约 6%。

不管高尚与否，接受赠款者的消费更多，因此他们用于投资的钱少得多。当一个人没钱或只有很少的钱投资时，熟悉投资机会又有什么用？这就是一位年轻的商科教授最近所处的境况。有人请这名接受赠款者为一个继续教育项目教授投资课程，听众里有许多受过良好教育的高收入者。教授讨论了各种话题，包括投资信息来源和如何评估各种上市公司股票的价值，得到听众高度赞誉。他在专业上训练有素，有商业管理博士学位，专攻金融。然而，课程接近尾声时，一名听众问了教授一个简单的问题："E.博士，我能问问你的个人投资组合吗？你投资什么？"

他的回答出乎班上大部分人意料："我眼前还没有多少投资，我要付的钱太多了：两项按揭贷款、车贷、学费……"

后来，班上一位学员告诉我们："那就像一个人写了一本书，讲了该对漂亮女人说的各种甜言蜜语，自己却不认识一个漂亮女人。"

一些接受赠款者不会理财，为什么他们的财务顾问不强调节俭呢？通常财务顾问关注的范围很窄。他们兜售投资项目和投资建议，不教授节俭和预算。许多人觉得，指出顾客的生活方式太奢侈是件尴尬甚至让人丢脸的事。

平心而论，许多高收入的个人及其财务顾问不知道给定具体的收入和年龄参数，一个人应该有多少净资产。另外，财务顾问经常没意识到顾客每年收到大量赠款。仅仅依据顾客的收入申报表，他们也许会说：

> 比尔，对于一个 44 岁、每年挣 7 万美元的人来说，你做得相当不赖。看看你漂亮的房子、游艇、进口豪车、捐款，还有投资组合，相当不错。

如果比尔将每年从父母那里得到的 2 万美元免税赠款告诉这位顾问，他还会这么想吗？

这里我们要强调本书自始至终秉持的一个观点。并非所有富人的成年子女都会成为理财外行，那些成为理财外行的人往往得到父母为维持他们的生活水准而给予的大量补贴。也有许多富裕父母的子女成为理财大师。证据表明，这种情况发生在父母节俭、自律并且将这些价值观和独立精神传授给子女的家庭。

大众媒体常常描绘出另一幅画面，他们经常兜售亚伯拉罕·林肯的故事，极力渲染蓝领出身的孩子大获成功的例子，摆出各种轶事作为证据，证明贫困的考验是在美国成为百万富翁的前提。如果是那样，你会看到美国现在至少有 3 500 万个百万富翁家庭，但我们知道实际数字只有这个数字的 10%。

确实，大部分百万富翁的父母并非百万富翁，因为非百万富翁人口是百万富翁的 30 多倍。仅仅一代之前，这个数字是 70 多倍。为什么大部分百万富翁来自非百万富翁家庭? 这与非百万富翁人口的庞大数量有很大关系。从概率上说，百万富翁生出百万富翁的可能性更大；相应地，非百万富翁的后代成为百万富翁的可能性更低。

教师与律师的案例

亨利和乔希是兄弟，但龙生九子，同一对父母不一定生出相似的孩子。亨利 48 岁，是中学数学老师，乔希 46 岁，是一家中型律师事务所的合伙人。

这对兄弟是百万富翁夫妇伯尔和苏珊的 6 个孩子中的两个。伯尔和苏珊经营一家成功的外包公司，积累了大量财富。这对夫妇对子女一直很大方，每年给亨利、乔希和其他儿女各 1 万美元左右现金。儿女成年后，这份赠款也没有停止。他们觉得这类馈赠有助于减少遗产，从而减少子女有朝一日必须支付的遗产税。

他们还希望帮助成年子女过上好日子，觉得金钱馈赠会帮助儿女最终实现财务自由。他们在将财富分给子女方面总是以公平为原则，每个成年子女每年得到相同数额的现金。另外，第一次买房时每个孩子都得到大致相同的资助。

你也许会认为，生在这类家庭的孩子将来会做到财务自由。当然，伯尔和苏珊也这么觉得，他们一直认为，如果自己上过大学，再得到父母给的现金，他们会比现在更成功。但他们的父母都很穷，他们得以成功是因为父母给了他们金钱以外的东西。他们从小过着自律的家庭生活，父母不仅教养有方，还教他们学会了如何对付逆境，而逆境造就了今日的他们——成功的百万富翁。外包业务的艰难时期淘汰了竞争力弱、经营不善的公司。他们从未经历过心理脆弱的时刻，公司经营方面一直利润丰厚、成本低廉。这一点既适用于他们的企业，也适用于家庭。

直到今天，这对夫妇也没有一辆豪华汽车。他们从来没有滑过雪、出过国，也从没有加入一家乡间俱乐部。但他们还是认为，从大学、国外旅行和与上流阶层交往中可以得到很多智慧，耳濡目染，他们的成年子女在经济方面会比父母更出色。

他们想错了。在积累财富方面，富人子女不会自然而然地做得与父母一样好。这倒不是说，美国的亨利和乔希们永远无法超过父母。有人做到了，但他们在所有富人子女中只占少数。务请注意，富人子女有 20% 的机会在一生中积累 7 位数的财富（以现在的美元计算），而父母不是百万富翁的普通美国孩子只有约 3.3% 的机会。

现在，伯尔和苏珊的孩子里有百万富翁吗？没有！不过其中一个更有可能很快跻身 7 位数（净资产）俱乐部。这会是亨利、乔希，还是其他哪个孩子？其他孩子比亨利和乔希小得多。年龄当然是财富积累的相关因素，因为年轻人不太可能靠自己积累起相当多的财富。还有，另外 4 个孩子从父母那里获得经济门诊关怀的时间也没兄长那么长。

许多旁观者也许会预计，乔希更有可能先积累起 7 位数水平的净资产，他们有这感觉是顺理成章的，因为律师的收入通常比中学教师的高得多。再次重复，收入与财富积累高度相关。去年，亨利的家庭总收入（不包括父母的现金馈赠）是 7.1 万美元，乔希的则是 12.3 万美元。光凭这些数据，你可能认为乔希更可能积累起多得多的财富，毕竟他的收入差不多是哥哥的 2 倍，但做出这样预测的旁观者忽视了与财富积累有关的一个基本规则：不管收入多少，过日子永远要留有结余。

亨利虽然薪水更少，但过着低于收入水平的日子；相反，乔希过着远远超过收入水平的生活。实际上，乔希"非常依赖父母的 1 万美元维持收支平衡"。12.3 万美元收入加上那 1 万美元使他跻身美国全部有收入家庭的前 4%。记住，美国约有 3.5% 的家庭拥有至少 100 万美元的净资产。但即使做出乐观估计，乔希的净资产也远远低于此数。包括房屋净值、律师事务所股份、养老金和其他资产在内，他的总净资产为 55.3 万美元。

那么亨利呢？虽然收入少得多，但亨利积累了多得多的财富。保守估计，他的净资产有83.4万美元。一个老师的财产怎么可能比一个收入接近他2倍的律师更多呢？

一言以蔽之，亨利夫妇节俭，乔希夫妇奢侈。这一差异在很大程度上与他们各自的地位有关。我们发现，作为一个群体，老师都很节俭。另外，得到父母赠款的律师比同年龄段、没有赠款的律师花钱要多，储蓄和投资要少。如前文所述，得到父母赠款的律师的净资产只有同年龄段、没有赠款的律师的62%，收入只有后者的77%（见表5-2）。

在财富积累的度量方面，得到赠款的老师排在什么位置呢？以得到父母现金的教师为户主的家庭，与同职业、同年龄群体中那些没有现金馈赠的人相比，前者平均拥有后者185%的净资产，家庭年收入为后者的92%。

得到馈赠的教师比没有馈赠的教师更有可能在私立学校任教，而私立学校的教职员工的薪资通常低于公立学校。也许不知不觉间，美国的众多伯尔夫妇给成年子女现金的做法相当于补贴了私立学校。这一点反过来又鼓励了亨利这样的人愿意拿更少的薪资在私立学校工作。他们也许想到，因为有经济门诊关怀，所以不必为了多挣几千美元而到公立学校任教。虽然在私立学校教书，亨利开着4年车龄的本田雅阁或妻子的小面包车一点儿也不觉得格格不入。

相比之下，乔希处于完全不同的环境。他停车的办公楼综合体停满了进口豪华轿车和跑车，他的职责之一是发展事务所的新业务，因此即使他愿意开一辆4年的本田车，他的客户和潜在客户也许不希望和他一起乘坐。他们也许会得到错误的印象。

乔希和妻子有3辆较新型号的汽车，包括一辆宝马7系和一辆七座沃尔沃，这些车都是租来的，还有一辆丰田 Supra 跑车。他在汽车方面的消费习惯类似其他收入高得多的消费者，在汽车上的平均花费达到亨利的 3 倍。

乔希在按揭贷款上的支出也达到亨利的近两倍。乔希住在高档住宅区的一幢更大更豪华的房子里，而亨利住着中产阶层住宅区一幢很简朴的房子，邻居都是教师、中层管理人员、公务员和商店经理。亨利一家很好地融入了这个社区，他们表现出的消费习惯完全是中产阶层式的。虽然亨利家积累的财富是普通邻居的四五倍，他们的消费习惯也没有不同。

乔希住的地方呢？他的主要住处（他在滑雪胜地还有分时共享住房）在一个高档住宅区，邻居都是高收入的医生、公司高管、收入顶端的销售和市场专业人士、律师和富有的企业主。乔希在这个环境里如鱼得水，在这里招待客户和同事也很理想。但他没意识到一件事：虽然与邻居相比，他的收入能排进前 25%，但以家庭净资产计，他几乎垫底。

乔希一家正在扮演的角色是那些拥有他们两三倍甚至更多净资产的家庭。实际上，乔希并不孤单，他的住宅区至少 20% 的家庭正在扮演同一角色。他们也接受经济门诊关怀，也比他们所处社区的其他人花得多、投资得少。

乔希的预算系统如何运行，如何适应他的花钱倾向？乔希与许多理财外行没什么两样，先花钱，剩下的才存起来和投资。这个说法的实际含义是，除了偶尔投进养老金计划和利润分享计划的钱外，他没有任何储蓄和投资，超过 2/3 的财富在房屋净值、事务所股份和养老金里。本质上，乔希一家没从个人收入里拿出一分钱投资，但也许他们还是感觉很富有。乔希确实每年收到 1 万美元现金，而且他指望有朝一日继承更多。

但乔希的子女呢？他们会从父亲那里得到大量现金吗？可能性很小。但这些孩子正在一个高消费的环境下长大，有可能努力模仿父亲的消费行为。这是个很难学的做法，尤其是在没有大量经济门诊关怀的情况下。

对比之下，亨利的子女也许会意外地发现父亲已经攒下一小笔财富。亨利夫妇从不做力所不及的事。亨利样子像个老师，开老师开的车，穿得像个老师，在老师们购物的地方购物。他弟弟拥有的高档物品，他一样也没有。他没有游泳池，没有桑拿浴室，没有按摩浴缸，没有游艇，没有乡间俱乐部会员资格。他只有两套西服和 3 件粗呢夹克。

亨利的活动简单得多，花费少得多，身份倾向少得多。他隔天慢跑锻炼，他和家人是狂热的远足和露营爱好者，拥有两顶帐篷、几只睡袋和两条皮划艇（其中一条是二手的）。他读书很多，还积极参加所属教堂及其附属青年团体的活动。

他的简单生活方式带来的是节余的美元，这些钱被存起来或用于投资。在他当教师的第一年，一位老教师建议他把钱投入 403b 递延年金计划，以此提高投资回报。自从受雇当上教师以来，亨利每年都投钱到这项计划里，还将父母每年给的大部分钱用于投资。

到最后，谁更有可能舒服地退休——亨利还是乔希？现在，他们的父母不光把资产分给子女，还分给孙辈。因此，亨利和乔希也许只能继承到很少。按现在的消费速度，乔希也许永远无法舒服地退休，而亨利很可能轻松退休。我们预计，到亨利 65 岁时，养老金、递延年金计划和投资组合合起来将是一笔很大的财富。

授之以渔

在我们讲到金钱馈赠与经济成就的关系时，通常会有人问："如果现金不好，什么形式的礼物更有益呢？"他们很想知道如何提高子女的经济产出效率。我们再一次提醒，教会孩子节俭是关键，受到相反教育的孩子经常长大后花起钱来大手大脚，在青年和中年时期需要现金补贴。

什么样的代际传承能帮助你的子女长大后成为经济能力强大的人？你该给他们什么？富人非常看重良好教育的价值。我们询问百万富翁是否同意这个说法：在现实生活中，学校和大学的学习对我来说没有什么用处。

只有 14% 的人同意，6% 未置可否，余下的 80% 不同意。那就是百万富翁不惜代价投资于子女教育的原因。百万富翁提及最多的来自父母的馈赠是什么？是学费！

提到所有其他经济馈赠的百万富翁比例少得多：约 1/3 在首次购房时得到一些资助，约 1/5 一生中得到过免息借款，只有 1/35 从父母那里得到过支付按揭贷款的资金。

你能给予子女什么来提高他们成为有经济成就的成年人的机会？除教育外，创造一个尊重独立思考和行为、珍视个人成就以及奖励责任感和领导力的环境。是的，生命中最好的事物常常是不花钱的，教会你的子女独立生活，这在财务上经济得多。从长远来看，它对孩子和父母都最为有利。

无数例子说明了经济能力和大量经济门诊关怀间的负相关关系，我们过去 20 年来收集的数据一次次支持了这个结论。除大学学费外，超过 2/3 的美国百万富翁没有从父母那里得到经济馈赠，其中就包括大部分父母为富人的人。

削弱弱者

那么，富有的父母如何处理自己的财富呢？他们应该在何时以何种方式分配给子女呢？我们将在下一章详细介绍财富的分配。但这里有一些供思考的材料：大部分富人至少有两个孩子。通常，经济能力最强的那个得到父母财富的更少份额，最弱的得到很大份额的经济门诊关怀和遗产。

假设你们是典型的富有的父母，注意到长子或长女很早就非常独立、渴望成就而且非常自立，你们的直觉是培养这些特性，不去尝试控制孩子的决定。相反，你们花更多时间帮助才能稍逊的孩子做决定，或者干脆替他们做主。结果如何？你们强化了强者，削弱了弱者。

假设你 10 岁的孩子去体检，医生告诉你，孩子体重偏轻，发育不良。对此评价，你作何反应？你会设法改善孩子的健康状态，可能鼓励孩子去锻炼、补充维生素、举重，或者参加体育比赛。大部分父母会积极主动地对待这样的问题。如果父母采取相反的做法，你会不会觉得奇怪？如果那对父母鼓励孩子少吃点，少锻炼，你会有何感想？

一般情况下，这种削弱弱者的做法被用在表现出个性弱点的孩子身上。在一个我们了解的例子里，一对父母得知儿子在书写和相关语言表达能力方面有缺陷。他们是如何应对的呢？首先，他们给孩子转了学。然而语言表达缺陷的问题却没有改善，因此父亲开始替儿子写作业。现在，儿子上大学二年级，父亲还在替他写作业。

另一个例子里，一对富人夫妇有个 12 岁的女儿。她非常害羞，如果没人提示催促，她很难对任何人说话。母亲爱女心切，写了张纸条给女儿的老师，请她将孩子的座位从教室前排换到后排，因为女儿在后排感觉更自在。母亲说："前排的孩子经常被老师提问。"收到要求那天，老师没有调整座位。下午，母亲打去电话抗议老师的做法。老师当时不方便接听，但在第二天下午回了电话。母亲感觉受到轻视，马上把女儿转到另一所学校。

还有一个例子，一位知名教授最近接到邻居的电话，来电人气势汹汹。

来电人：博士，你是行内人，我需要你的建议。我要怎么做才能让一个教授被炒鱿鱼？你也许不认识那家伙，他在州立大学。

教授：你为什么要让他被解雇呢？

来电人：我女儿无法通过他的课程。他说我女儿的背景知识不够，学不好他的课……他还留长发，从不穿西服……他是个混蛋！我跟他的校长谈过，但是只听到一大堆敷衍塞责之辞。我要这家伙被炒鱿鱼。

教授：那么，为什么你女儿不直接退出那个班呢？

来电人：那她就得上补习班了。

教授：比补习班更糟的事情还有很多。

来电人：如果上补习班，她就不能和我们去欧洲了，我们计划这趟旅行两年了。女儿不去，她母亲也不会去，我能怎么办？

这些例子里的父母都做了些什么？他们助长了弱者的弱点。如果你儿子的语言表达能力有缺陷，那就努力设法克服他的缺陷。有一位父亲意识到儿子有极高的数学天分，但语言表达能力很差，于是着手解决这个问题。每天吃晚饭的时候，他会从 SAT（学术能力评估测试）学习指南上找 3 个单词，让儿子说出它们的定义。他用了成百上千次晚餐的学习时间指导儿子，还请了专业家教。这些方法很有效，如今他儿子毕业于常春藤联盟中的顶级院校——入学要求最高的那所！

经济门诊关怀的后果

"虚弱的孩子"成年后会怎样？他们通常缺乏主动精神，经济成就低，消费倾向高，那正是他们需要经济门诊关怀来维持在父母家享受的生活标准的原因。再次强调：成年子女收到的补贴越多，积累得越少；收到的补贴越少，积累得越多。

这是一个得到统计数据证明的关系。然而许多父母依然认为他们的财富可以自动将子女变成经济能力强的成人。他们错了，自律和进取不可能像汽车或衣服一样随便买。

一个最近的案例研究有助于阐明我们的观点。一对富人夫妇决心给女儿 BPF 女士创造一切有利条件，因此当 BPF 女士表达出创业的兴趣时，他们做出了富人的典型反应，创造他们觉得理想的环境。

第一，他们希望女儿没有债务负担，于是提供了她开办企业需要的全部资金。BPF 女士自己没投一分钱，甚至从未申请过商业贷款。

第二，父母觉得很有必要给女儿提供大量经济门诊关怀，觉得这会提高女儿在美国企业主群体里成功的机会，认为成年的女儿住在家里有好处，这样女儿可以将所有精力和才能投到企业里。她将住在父母家，不用交租金。她不需要花时间购买柴米油盐，不用打扫屋子，甚至不用自己铺床。补贴的这种终极形式超越了经济门诊关怀——就叫"经济住院关怀"吧。

不用交租金的环境对一个年轻企业主是好事吗？我们不这么认为。送一家企业也不是。最成功的企业主是那些将自己的大量资源投入企业的人。许多人成功是因为他们只能成功，那是他们自己的钱、自己的产品、自己的名声。他们没有安全网，无论成败，他们没有任何人可以依赖。

第三，BPF 的父母还给了另一项援助。如果女儿从一开始就不必担心企业的利润会怎样呢？他们相信，减轻这项负担将提高女儿成功的概率。BPF 女士成了接受补贴大军的又一名成员，父母每年给她约 6 万美元现金或等价物。

制造出这个"理想"环境的结果如何？现在，BPF 女士年近40，还住在父母家里。她没有与生意有关的债务，家人给她的企业提供资金，而且还在继续这样做。去年，她的企业为她挣了近 5 万美元。父母继续给她每年 6 万美元，依然觉得她有朝一日会真正实现财务自由。在这方面，我们不像她父母那么乐观。

大部分成功的企业主都不像 BPF 女士。有多少尚在起步阶段的企业主会在一年内做出 BPF 女士最近的举动？

• 花 4.5 万美元买了辆车，但没去过车行，价格和条件也没谈。

• 花 5 000 美元买了块表，花 2 000 美元买了套衣服，花 600美元买了双鞋。

- 在服装上总计花了 2 万美元。
- 支付信用卡透支和信贷的循环利息 7 000 多美元。
- 支付了超过 1 万美元的当地乡间俱乐部会费及相关费用。

答案是非常少。BPF 女士的企业算不上成功，它直接或间接得到他人资金的大量补贴。BPF 女士已经被父母惯坏了，也许永远不知道光靠自己能不能成功。父母为女儿提供的"理想"环境鼓励她在消费品上大笔花钱。与此同时，她像继母对待继子一样对待自己的企业。

你认为谁的恐惧和担忧更多——是 BPF 女士，还是典型的没有家人补贴的富裕企业主？从逻辑上说，也许 BPF 女士应该没有任何担忧，因为她从父母那里得到大量经济支持。实际上，她害怕的事情比得不到任何补贴的富裕企业主多得多。

一般的富裕企业主主要只担心 3 件事（见第 3 章表 3-4），都与联邦政府有关，他们害怕不利于企业主和富裕人群整体的政府法规。

BPF 女士害怕什么？她告诉我们，她主要害怕 12 件事。一个几乎完全无须承担财务风险的人，害怕的事情怎么可能是普通富裕企业主的 4 倍呢？因为那些富裕企业主已经克服了大部分恐惧，通过实现完全自给自足，他们已经对许多恐惧有了免疫力。正是实现财务自由的拼搏过程本身帮助这些企业主克服了那些恐惧。

BPF 女士主要担心什么，害怕什么？记住，这些恐惧在自给自足的富裕人群中并非普遍存在。BPF 女士非常害怕下面这些事：父母的遗产被征收高额税款，她的生活标准急剧下降，她的企业失败，没有足够的财富来支持她舒适地退休，兄弟姐妹指责她从父母那里得到的财务馈赠和继承的遗产超过了她应得的份额。

谁更自信，更满足，更有能力应对逆境？不是美国的BPF女士们，而是那些由奖励独立思考和行为的父母养大的孩子，是那些不关心别人的钱包、不关心别人的遗产有多少、更关注自己的成功的人。另外，如果一个人量入为出，他就无须担心被迫降低生活标准的可能性。BPF女士的父母没能实现目标。他们希望女儿"永远不用担心"，但他们采用的方法带来了完全相反的结果。人们经常试图保护孩子免受生活中的经济现实的伤害，但这些保护常常培养出将来一直生活在恐惧里的成年人。

没有经济门诊关怀的后果

你的签名价值几何？这取决于如何使用签名。一纸签名帮助保罗·奥法里（Paul Orfalea）开创了以他的绰号"金考"（Kinko's）为名的企业。

> 1969年，（他）用一笔……由父亲联署的5 000美元贷款，租了间小车库……他和几个朋友从那里……每天售出约值2 000美元（的服务）。[1]

据估计，金考的年销售额超过了6亿美元。如果奥法里先生的父母在一个类似BPF女士的环境中培养儿子会怎样？他会有今天

---

[1] 参见劳里·弗林的《金考将网络服务加入其复印业务中》，《纽约时报》，1996年3月19日（Laurie Flynn, "Kinko's Adds Internet Services to Its Copying Business", *The New York Times*, March 19, 1996）。

的成就吗？可能性很小。奥法里先生具备成功企业主的特点：非凡的勇气。冒财务的风险是勇气的证明。BPF女士冒过什么险？很少。

《韦氏英语词典》将"勇气"定义为"对抗逆境、危险或艰难困苦的精神或道德力量"，包含了面对危险或极端困境时的坚强心理和意志。勇气可以培养，但不可能在一个消除了一切风险、困难和危险的环境下培养出来。这就是BPF女士缺乏离开父母、扩大企业和摆脱大量经济住院关怀的勇气的原因。

在一个凭表现获取报酬的环境下工作需要相当大的勇气，大部分富人有勇气。什么证据支持这个说法？美国的大部分富人要么是企业主，要么是以奖励方式获得报酬的雇员。记住，不管父母是否富裕，美国大部分富人的财富是自己挣来的，他们有勇气利用伴着高风险而来的企业机会和其他商业机会。

作为有史以来最伟大的企业主和杰出销售专家之一，雷·克洛克（Ray Kroc）在选择麦当劳的特许经营企业拥有者和管理者时，考查的就是潜在候选人的勇气。克洛克欢迎打来推销电话的专业销售。他叫秘书"把电话都接进来"。为什么？因为那些人有勇气接受别人根据自己的表现做出的严格评价，找到这样的人不容易。他把加利福尼亚州以外的第一份特许经营权以950美元卖给贝蒂·阿盖特（Betty Agate）和她的丈夫。① 克洛克第一次接触贝蒂·阿盖特是在她给芝加哥金融区的人打推销电话的时候。克洛克的秘书问："犹太人卖天主教的《圣经》，这是怎么回事？"她的回答是"为了生活"。克洛克判断，任何人只要有勇气做贝蒂·阿盖特在做的事，

---

① 参见约翰·洛夫的《麦当劳：探索金拱门的奇迹》，多伦多，班坦图书公司，1986年（John Love, *McDonald's: Behind the Arches*, Toronto: Bantam Books, 1986）。

都会是购买他的特许经营权的重要人选。

BPF女士一生给陌生人打过多少推销电话？零。她的大部分客户是朋友、亲戚或者父母的商业伙伴。打电话给这些人只能叫熟人推销电话。

一些父母常向我们讨教如何培养孩子的勇气。我们建议让孩子接触销售这一职业，鼓励孩子在小学或中学竞选班干部，他们将需要硬着头皮向学生群体推荐自己。即使是销售女童子军饼干也可以带来积极影响。销售工作给孩子提供了一个接受不偏不倚的第三方评价的方式。

一位勇气非凡的女性

传真

致：威廉·丹科博士，纽约州奥尔巴尼市

自：托马斯·斯坦利博士，佐治亚州亚特兰大市

主题：一位勇气非凡的女性

日期：9月的第一个星期一，上午

猜猜我今天早上5∶30在哪里？我正登上一架早班飞机。这架飞机装得下上百名乘客，但机上只有20来人。坐下后不久，我们听说目的地有雾，因此要经历一次出了名的"短暂延误"。我站起来时，坐在我前座的女人（我将称她为劳拉）也站起身。我对她说，一大早就出来赶飞机，我很不痛快。她回答说，她已经坐了一

夜，而且前面还有一段航程。

我问劳拉为什么要夜里旅行。她回答说，夜间航班便宜得多。不久，我发现她其实没必要买那么大折扣的机票。她很富有，但也很节俭。她这趟旅行是要做什么？她是去参加一次房地产高管大会，将在会上接受"年度房地产高管"奖。我问她一开始是怎么进入房地产行业的，她回答说"生活所迫"。

劳拉告诉我，一天上午她看到餐桌上有丈夫写的一张纸条，上面写着："亲爱的劳拉：我爱上了我的秘书。我的律师会告诉你详情。祝你和孩子好运。"

劳拉，一名带着3个孩子的家庭主妇，对这个信息作何反应呢？她下决心不重操旧业再去做中学教师，也不会去依靠条件不错的父母。在鼓励独立和自律的环境下长大的她，想知道凭着英文学士和硕士学位可以做什么。她发现，有她这样教育背景的人多如牛毛，估计自己从教书、编辑和写作中得到的收入不太可能支撑起一家人现在的生活方式。

因此，劳拉与社区几位见多识广的企业主讨论了各种雇用机会，然后决定尝试房地产销售领域。4个月后，她销售房地产的收入超过了教英文时收入最好的一年。

我知道你想问劳拉，促成她成功的因素是什么。她这样告诉我："当下定决心时，你的成就会让人吃惊。当除了成功别无选择时，你都想不到自己能打出多少推销电话。"

年轻时，劳拉就打下了坚实的销售职业基础。上学时，她说服了数十名雇主雇她做暑期工。中学和大学时，她做过各种各样的兼职工作。劳拉太会找工作了，甚至帮许多朋友找到过工作。毫无疑问，如果开办一家猎头公司，她也会大获成功。中学和大学时，她还为几个朋友做竞选经理，帮他们赢得学生会的职位。

塞翁失马，焉知非福。劳拉嫁了个见异思迁的丈夫，最后她反而和孩子过上了更好的生活。因为丈夫的背叛，劳拉得以发挥出全部才能。讽刺的是，她今天的生活比前夫好得多已是有明证的事实。她的成功也是品格高尚的结果，而这样的品格正是她前夫缺乏的。

出色地做了几年专业销售后，劳拉创办了一家非常成功的房地产公司。虽然获得了巨大的财务成功，她依然乘坐红眼航班和早班飞机。只看她的样子，你永远想不到这个女人身上有那么多勇气和坚持。我估计她身高只有5英尺，体重不超过95磅。但正如我们常常承认的，外表的重要性远远比不上经济强人的勇气、自律和决心。

第6章　家庭风格的平权运动

他们的成年子女经济自立。

大部分有成年子女的父母都想在生前减少遗产数额。当然，考虑到不这样做会给子女留下沉重的遗产税负担，这样的决定合情合理。将财富分给孩子的决定很容易做出，难的是决定如何分配资产。

那些孩子还小的富裕父母通常认为，财富分配绝对不会成为一个问题。他们认为自己的资产将平均分配给子女。例如，有4个孩子的父母通常声称，"（自己的）财富将在孩子间平均分配——每人25%"。

这个简单的分配方案随着孩子长大而越来越复杂：有成年子女的父母很可能会发现，一些孩子比其他孩子更需要大量"财务馈赠"。谁该多得，谁该少得？这是每个人都需要回答的问题。不过，富裕父母也许会从下面几个重要的研究成果中得到启示。

如果成年的女儿没有工作，成年的儿子"暂时"失业，父母有很高的倾向给这些孩子大量经济门诊关怀。这些孩子还可能得到很高比重的父母遗产。经济上更成功的后代可能得到更低水平的经济门诊关怀和更少的遗产，那些经济能力最强的儿女得不到任何转移的财富。然而正如我们在第 5 章讨论的，那是他们富有的原因之一。

家庭主妇：A 或 B？

给不同孩子的馈赠差异很大程度上可以用职业（或社会经济地位）和性别来解释。我们发现，在所有主要职业群体里，家庭主妇得到父母的遗产及定期经济馈赠的可能性最大（见表 6-1 和表 6-2）。实际上，家庭主妇得到大量遗产的可能性是富裕家庭成年子女平均概率的 3 倍。基本上，家庭主妇在继承父母遗产的金额和可能性方面都排名第一，她们也最有可能得到按年给予的大量经济馈赠。

我们将家庭主妇（富人的女儿）分成两个截然不同的类型：A 型和 B 型。他们的父母都认为不工作的女性必须有"自己的钱"，认为经济现实不利于女性，认为女婿在供养妻儿方面不可能完全靠得住。A 型和 B 型家庭主妇都不同程度地受益于这些看法。

A 型与 B 型家庭主妇差别很大。A 型通常会嫁给高收入的成功男人，在照顾年老体弱的父母方面通常扮演了主要角色，通常她们得到的馈赠和遗产部分是出于对这些付出的补偿。有工作的兄弟姐妹更可能逃避这类付出。A 型家庭主妇受过良好教育，通常会担任父母遗产的执行人或共同执行人，很可能是当地各种教育和慈善组织的领导人或志愿者。

表 6-1　继承大量遗产的概率：不同职业的富人成年子女间的对比

继承遗产的概率		
大得多的概率	小得多的概率	平均水平
• 家庭主妇	• 医生	• 工程师、建筑师、科学家
• 无业人员	• 公司高管	• 广告、市场、销售专业人士
• 中小学教师	• 企业主	• 律师
• 教授		• 会计师
• 手艺人、蓝领工人		• 中层管理人员

表 6-2　获得大量财务馈赠的概率：不同职业的富人成年子女间的对比

获得馈赠的概率		
大得多的概率	小得多的概率	平均水平
• 家庭主妇	• 手艺人、蓝领工人	• 工程师、建筑师、科学家
• 无业人员	• 企业主	• 广告、市场、销售专业人士
• 律师	• 中层管理人员	• 医生
• 中小学教师	• 公司高管	• 会计师
• 教授		

A 型家庭主妇常被父母视为同辈和知己，而不仅仅是后辈。她们被视为聪明的顾问、强有力的领导者，在重要的家庭事务如遗产和退休计划、家族企业的出售和专业服务提供人的选择方面，别人多半会请教她们。她们还熟悉遗产税法，很可能会鼓动父母通过馈赠子女来减少遗产数额，从而尽量减少遗产税。她们常常从出嫁起就得到大量现金馈赠，这些馈赠从她们的生命早期一直延续到中期。到后来，这些馈赠常与购买住房有关系，在某些情况下还与投资房地产有关。

A 型家庭主妇的存在对父母和其他成年子女都非常有利，因为在满足年迈父母的心理和护理需要方面，挑大梁的常常是她们。

相比之下，B 型家庭主妇被视为虽已成年但仍需要经济门诊关怀甚至心理支持的孩子。她们通常会依赖别人，也不太可能以任何身份成为领导者。她们嫁的人通常不是高收入者，她们受的教育通常不及 A 型家庭主妇。B 型家庭主妇的父母经常补贴女儿家庭的收入，以此帮助女儿一家至少维持中产阶层的生活方式。她们通常住得离父母不远，也经常陪母亲出去购物，中年 B 型家庭主妇从富裕的父母手里得到买衣服的补贴也是常事。父母还通过遗嘱、遗产计划条款照顾 B 型家庭主妇。她们得到现金馈赠和遗产，因为父母认为她们"确实缺钱"。基本上，她们得到父母的照顾而不是她们照顾父母。

B 型家庭主妇的父母担心女儿和女婿可能不善理财，通常不会无节制地赠予他们大量现金。因此，给 B 型家庭主妇的赠款通常在需要时才给，如 B 型家庭主妇的丈夫"待业"或家里添丁的时候。馈赠往往是由危机促成的，可能是现金或直接支付买衣服的钱、补贴学费。不过，B 型家庭主妇以继承形式得到父母财富的很大一部分，通常情况下父母的遗嘱会特别指定分配计划和给孙辈的教育基金。她们的家庭多半永远做不到财务自由，她们到 50 多岁还在接受父母现金补贴的情况也不少见。

B 型家庭主妇的丈夫为岳父母的企业工作也很常见，某些情况下得到的补偿远远高于劳动力市场的客观水平。在这些情况下的女婿作为岳父母的企业雇员，收入相比为一个客观第三方工作要高。即使不在家族企业工作，女婿也经常为岳父家做些差事，拿着高工资在家庭企业里兼职，或者为岳父母做些家务杂活。

一些女儿不是家庭主妇，有全职工作，她们得到现金馈赠和遗产的可能性要少于没工作的姐妹。但即使是职位较高的女儿，得到现金馈赠和继承遗产的可能性也大于经济上成功的兄弟。为什么？如前所述，富裕父母非常强烈地感觉，女性，即使是职场女性，都必须有"自己的钱"。他们还认为，女婿在"保持忠诚……支持和保护"他们的女儿方面"不能全信"。实际上，富人在这方面相当有眼光。我们的数据指出，富人的已婚女儿中，超过 40% 至少会离婚一次。

补偿女性

富裕父母明白，在这个国家，男性和女性面临的挣钱机会大不相同，这些父母通常有自己的经济平权计划。想想下面的事实：

- 女性占这个国家劳动大军的 46%，但在年收入超过 10 万美元的人中，女性占不到 20%。1980 年，不到 4 万女性的年收入超过 10 万美元；1995 年，约 40 万女性处于这个收入区间，增长达到 10 倍。到 2000 年，超过 60 万女性将拥有至少 10 万美元的收入，但与 1995 年一样，这个收入区间的女性依然只有男性的 20%。

• 毕业于专业院校的比例方面，女性有了长足进步。例如，1970 年，只有 8.4% 的医学院毕业生是女性；1995 年，近 40% 是女性。1970 年，女性占所有法学院毕业生的约 6%；1995 年，她们占到近 45%。然而，更高的职业头衔并没有自动转化为更高的收入。人口调查结果表明："即使是专业学位拥有者，收入差距（在 1995 年）依然明显。"在这方面，1995 年，受雇于专业职位的女性收入只及男性专业人士的 49.2%。

• 从事高收入职业的男性和女性的薪水比较又如何呢？参见我们在表 6-3 的分析结果，在所有 20 个高收入的职业中，女性平均收入明显低于男性。例如，女医生的收入只有男医生的 52%，女牙医的收入只有男牙医的 57.4%，足病女医生的收入只及男医生的 55%，女律师的收入只有男律师的 57.5%。

• 1980 年，年收入至少 10 万美元的女性中，约 45% 的人没有工作，反过来说，55% 的女性通过工作挣到超过 10 万美元。自 1980 年以来，这一比例没有重大变化，直到 2005 年也不太可能变化。形成鲜明对比的是，美国近 80% 年收入超过 10 万美元的男性是有工作的，其余 20% 大部分超过了 60 岁，已经退休。

• 绝大部分年收入超过 10 万美元的女性从父母、祖父母或配偶那里继承了财富，或得到大量金钱馈赠。她们的收入通常来自利息、分红、资本收益、净租金收入等。

• 女性拥有美国近 1/3 的小企业，然而约 2/3 的这类企业年收入在 5 万美元以下。

• 职业女性离开岗位的概率是男性的 4 倍多。

客观数据清楚表明了这一点。在美国，高收入的机会不青睐女性，这一收入差异的一部分当然可以用经济贸易界的歧视来解释。但单单歧视不能完全解释在收入分布顶端 1% 的人中，女性仅有男性的 20% 这一事实。会不会是富裕父母补贴女儿的倾向正在帮助固化这种不平等？

富裕夫妇的女儿通常不会有自己的事业。为什么？过去 20 年来，富裕人群主要由一种家庭组成：超过 80% 是有孩子的已婚夫妇，妻子通常不做全职工作。这一点给这类夫妇的女儿发出什么信息呢？简言之："母亲不工作（而且婚姻存续着），因此我也许不该去工作。"反对这样的逻辑并不容易。传统的富裕家庭结构运行相当良好，富裕夫妇的离婚率不到普通人的一半。

"父亲挣钱，母亲相夫教子"的结构经常被这类婚姻的女性后代效仿。许多富裕父母实际上鼓励女儿不工作、不追求自己的事业、不拥有经济上和心理上的独立。长年累月，富裕父母潜移默化地将这份"依赖"性格灌输给女儿。因此，许多富裕父母将类似下面这样的信息传递给女儿：

> 别担心……如果不想拥有自己的事业……你不需要为钱担心，我们会在财务上帮助你……如果你有事业……如果你确实很成功……而且独立，你将不会从我们这里得到任何大笔财务馈赠或遗产。

表 6-3　不公平的年收入：20 个高收入职业的男女对比

职业	总计全年全职（美元）	男性全年全职（美元）	女性全年全职（美元）	性别差异（美元）	女性收入与男性比（%）
医生	120 867	132 166	68 749	63 417	52.0
足病医生	90 083	94 180	51 777	42 403	55.0
律师	86 459	94 920	54 536	40 384	57.5
牙医	85 084	88 639	50 919	37 720	57.4
医学教师	82 766	91 236	48 801	42 435	53.5
法学教师	76 732	85 376	51 727	33 649	60.6
证券和金融服务销售	67 313	78 097	37 695	40 402	48.3
健康诊断执业医师（不另分类）	66 546	76 139	33 718	42 421	44.3
验光师	62 556	64 988	42 659	22 329	65.6
精算师	61 409	71 028	40 219	30 809	56.6
法官	60 728	65 277	43 452	21 825	66.6
飞行员和领航员	57 383	58 123	32 958	25 165	56.7
兽医	56 451	62 018	35 959	26 059	58.0
石油工程师	55 788	56 653	43 663	12 990	77.1
管理分析师	54 436	62 588	36 574	26 014	58.4
经济学教师	52 862	57 220	38 884	18 336	68.0
拿薪水的管理和行政人员（不另分类）	52 187	61 152	30 378	30 774	49.7
物理学家和天文学家	52 159	53 970	38 316	15 654	71.0
经理、市场、广告和公关	51 879	58 668	35 227	23 441	60.0
核工程师	50 492	51 313	36 513	14 800	71.2

※ 数据来源：富人市场研究所数据库，1996 和 1990 年美国职业调查。

弱者和强者

安和贝丝：家庭主妇与女儿

35 岁的安是罗伯特·琼斯和露丝·琼斯这对百万富翁夫妇的小女儿。琼斯先生在分销行业拥有并经营几家企业。琼斯夫人是传统的家庭主妇，没读完大学，没工作过。不过她非常热衷所在社区的几项高尚事业，孩子小的时候，她为家长教师协会（Parent-Teacher Association）做过事。

女儿安在与父母的关系方面非常坦率：

> 从父母手里拿钱……去买房子……交私立学校学费……太容易了。但拿钱总要有附加条件……我姐姐贝丝（37 岁）知道这一点……她对生活没什么主见……她知道施舍是有代价的……要称母亲的心。

安很早就明白了接受父母控制的收益和代价，一结婚，她就和丈夫到其他城市找工作。她离父母上千英里，隔绝了父母对自己的影响。

安在第二个孩子出生后就放弃了自己的工作。但不同于姐姐贝丝，安从未接受父母的经济门诊关怀。她冷眼旁观姐姐的经历，对接受资助的真正代价非常敏感。

根据安的说法，贝丝一家住着"补贴住房"。父母为贝丝的房子付了一大笔首付，每年还在住房和其他开支上资助贝丝成千上万美元。每年圣诞节，贝丝从父母那里收到 2 万美元现金。贝丝住在离父母家不到 2 英里的地方（实践证明，有支配欲的父母控制成年子女的可靠方法之一是住在离他们不远的地方）。安说，有时都不清楚谁是贝丝家的主人，似乎母亲一直在贝丝家——不管是不是被请去的。在给贝丝家选房子时，母亲做得似乎比贝丝还多。

贝丝没读完大学就结婚生子，婚后和丈夫在父母家住了 3 年，丈夫因此得以读完大学。在此期间，两人都没工作，连兼职都没有。

完成大学学业后，贝丝的丈夫接受了一家地方公司的行政职位，但没到两年就丢了工作，于是接受了岳父的企业的行政副总裁一职。按安的说法，这是一个新命名的职位，之前的名字叫办公室主任。但安解释说，这份工作薪水丰厚，而且"还得到了一大堆额外福利"。

在这样的条件下，贝丝和丈夫很难培养出自信心。安的父母，尤其是父亲，没把贝丝的丈夫放在眼里。按安的说法，他们总是觉得他在社交、经济和智力上都不如贝丝。他们对安的丈夫却尊重有加。他毕业于名校，成绩优秀，24 岁时以优异成绩获得了硕士学位。罗伯特和露丝一直在亲朋好友面前称赞"我们的女儿安的丈夫"的杰出成就。

安的丈夫第一次登门拜访时，罗伯特和露丝隆重接待了他，对他的学术背景赞赏有加。安说，这次短暂造访期间，当时住在岳父母家的贝丝的丈夫更像个跑堂的。例如，岳父罗伯特会指使贝丝的丈夫调酒、上点心。一天晚上，喝了几杯酒后，罗伯特称贝丝的丈夫是个"笨蛋"。安和丈夫大受震动，对此留下久久不能忘怀的印象。安暗暗发誓，她和丈夫永远不会成为父母眼中的笨蛋。直到如今，她都没忘记自己的誓言。即使安的父母不断催促她接受经济门诊关怀，她也没改变初衷。相比之下，罗伯特和露丝经常要求贝丝的丈夫给他们跑腿，对待他更像对待零工和司机而不是长女的丈夫。

为什么贝丝的丈夫会忍受这种情况？因为他已经习惯了这样做。他和贝丝过着与岳父母一家相称的高消费生活方式，然而他们维持这一生活方式的能力是以受到控制为条件的。罗伯特和露丝更多以行动而不是言辞向贝丝传递了一条中心信息：

> 贝丝，你和丈夫挣不到那么高的收入来维持现在的生活地位，你们在经济上是弱者。你和丈夫需要我们特别的经济门诊关怀。

罗伯特和露丝认为贝丝和丈夫离开了他们的帮助就过不上好日子，这个想法对吗？一个客观的旁观者会认为他们是对的。但如果这个客观的旁观者了解到这一状况的来龙去脉后又会如何呢？他也许会总结说，罗伯特和露丝做出了特别努力来证明他们的假说。即使只接受了父母短短几年咄咄逼人的经济门诊关怀，贝丝和丈夫就已经失去了许多雄心、经济上的自信和独立。没人知道如果靠自己，这对夫妇会不会做到卓有成效。贝丝和丈夫从未得到过这样的机会。

有见地的父母应该起到强化弱者的作用，而罗伯特和露丝做的恰好相反，他们削弱了弱者，直到今天还在继续这样做。难怪他们从未认识到自己在造成贝丝和丈夫今天经历的依赖状况上所起的作用。现在，安对父母有些气恼甚至埋怨，觉得他们应该为姐姐姐夫每天必须忍受的经济和心理依赖局面负责，她从贝丝夫妇的经历中学到很多。

对于父母在夺去姐姐子女的控制权上的所作所为，安特别敏感。过去的错误很有可能在他们身上重演。安只能希望父母遵循一些培养子女独立精神的简单规律。现在她的父母做不到，但安可以，对她来说，时间还不晚。安永远不会让父母控制她或丈夫和孩子生活的任何一部分。

灰姑娘萨拉

年近花甲的萨拉是一名高管。她的父母很富有，父亲在她很小的时候开创了企业。我们访问她时，萨拉对自己与"爹地"和姐姐的关系非常坦率。

萨拉的父亲非常固执，对女性在社会中的角色的看法与萨拉相反。他觉得女性应该接受艺术教育，然后结婚生子，绝不该工作。按照父亲的标准，女人就不该有自己的事业，她们应该相夫教子，甚至成为丈夫的附庸。

少女时期的萨拉就喜欢与父亲辩论无数话题，包括解放了的女性在文化中的角色。这些辩论常常发展成以萨拉以后的日子怎么过为中心的争吵。父亲动辄威胁不听话的女儿，要中断对她大学教育的经济支持、不给她嫁妆，等等。

萨拉不顾这些威胁，年纪轻轻就离开了家。父亲兑现约定，切断了所有财务支持。然而萨拉在财务和心理上不依赖父母的决心从没动摇过。离开家后，她到一家大型出版公司做校对。她在出版界的事业稳步上升，达到很高的职位，后来结了婚，但那也是在事业有成之后。

萨拉与姐姐艾丽丝完全不同。与萨拉不同，B型家庭主妇艾丽丝接受了父亲为她安排的角色。她无疑是"爸爸的乖女儿"。乖女儿下嫁给一个社会地位较低的本地人，比起赚取收入，她更倾向于消费。根据这个情况，父亲以特有的经济门诊关怀养起艾丽丝、她的低收入丈夫和3个孩子。父亲绝不会让乖女儿住在与自己的中上阶层形象不相称的房子或社区里，他提供了大量补贴，给艾丽丝一家买了房子和附属物，每年赠送大量现金和有价证券给"爸爸的乖女儿"。

看到这些慷慨的补贴，你也许预计父亲的乖女儿会积累起一大笔财富。实际上，得到经济门诊关怀这么多年来，她和丈夫只存了一点儿钱。他们的预算体系相当简单：花的比挣的和收的加起来还要多，反正不够的部分有父亲补上。

岁月流逝，像许多公司高管一样（见表6-4），萨拉自始至终没得到过父亲的经济门诊关怀，得到的只有因违背父亲规定的严格教条而受到的惩罚。

父亲去世后，他的乖女儿得到了遗产的很大一部分，但再也得不到每年的经济门诊关怀了。萨拉只得到很少一部分遗产。她很意外居然收到了一点儿遗产，尤其是父亲去世前不久还告诉她，她"得到的将比姐姐少得多"。在父亲眼里，这个自由而独立的女儿比作为B型家庭主妇的姐姐对遗产的需求小得多。

没过多少年，艾丽丝这个乖女儿和她丈夫就花掉了父亲留下的几乎全部财产。不久，艾丽丝撒手人寰。她的孩子怎么活下去呢？他们的父亲没有足够收入来维持中上阶层的生活方式。谁供养他们？谁给他们付大学学费？除了他们的小姨，那个没得到经济门诊关怀、几乎被剥夺了继承权的灰姑娘萨拉。在父亲支持姐姐的那么多年来，萨拉从未冷落过艾丽丝或者对她表现出任何憎恨。每年艾丽丝生日，萨拉都不忘寄去一份小礼物，也从不忘给艾丽丝的孩子寄去圣诞节和生日礼物。萨拉确实是一位非常成功、独立又富有同情心的女性。

现在，萨拉是白手起家的百万富翁。她负责自己的家庭财务，正在着手为姐姐的子女和未来的孙辈设立信托基金。她觉得这很重要。关于艾丽丝的几个女儿，她告诉我们："她们对钱毫无概念。"怎么会这样？因为她们的榜样是父母——典型的理财外行。

萨拉是理财大师。直到今天，她依然节俭，在消费时很有自制力，净资产已达到作为高管得到的年薪的许多倍。萨拉告诉我们：

> 要是知道我积累了多少钱，大家会大吃一惊……我知道如何保住我的钱。

和许多富人一样，萨拉正在补贴别人——积累不足、消费过度的人的孩子。

经常有人问我们，在财富积累方面，同样的父母为什么会生出如此不同的后代？萨拉和姐姐怎么可能有那么大差异？我们相信，一些区别生来就存在，还有许多区别可以用父母与各个孩子关系的不同来解释。

表 6-4 公司高管获得的馈赠与遗产：富人的成年子女对比

得到馈赠、遗产的可能	给予馈赠、遗产的理由	子女在父母心中的"地位"	子女可能得到馈赠、遗产的阶段	馈赠、遗产的形式和类型
在富人的所有子女中，公司高管继承父母遗产的概率比其他子女小得多。	年轻高管类型的人通常表现得比别人更早熟。因此，他们的父母安理得地不给他们大量现金馈赠。	尚不清楚富人的公司高管类型子女与其他孩子相比，和父母的关系是更"亲密"还是更疏远。不但有限的数据表明，不管是与父母的交往还是住址的选择，他们通常保持一定的距离。	即使有，公司高管通常也是在成年早期得到馈赠。但到了中年或晚年，他们收到这类馈赠的可能性要小得多。	得到父母遗产的高管通常得到的是现金、金融资产。补贴首次购房的现金馈赠经常来自父母提供的，大大超出需要的"大学学费基金"。
在富人的所有子女中，他们从父母那里每年得到现金馈赠的可能性比其他子女小得多。	富给父母经常觉得，身为高管的中年或老年子女不需要经济门诊关怀，现金馈赠或遗产。			

父亲一边激励萨拉成为理财大师，一边培养她姐姐相反的特质，本质上他在削弱弱者的同时强化了强者。萨拉离家后断绝了一切退路。她得不到经济门诊关怀，别无选择，只能学习自己去"捕鱼"。她学得很好。与此同时，姐姐越来越依赖父亲和他的钱。

萨拉同情父母，尤其是父亲。他做出很多奉献，非常努力地工作，最后才成了富裕的企业主。父亲打定主意，他的孩子将不需要这么辛苦地工作，不需要面对"完全靠自己"的风险。但努力、冒险和奉献的意愿和能力，正是他赖以获得成功、成为富裕企业主的品质。然而像许多同代人一样，他忘了自己是如何致富的。

许多父母说提供经济门诊关怀也没什么错。确实，如果接受者很自律，而且表明了他们不用别人的钱也能过上体面的生活时是这样。例如，当萨拉已经学会了如何成功，并且在所选择的领域中表现出色，接受一些经济门诊关怀对她又有什么影响呢？答案多半是很小。不管是自己的还是别人的钱，她处理起来已经够成熟、够坚定。

真正的悲剧是那些经济门诊关怀依赖症患者的无助。没有萨拉小姨的善心，外甥女们很可能会对未来失去希望。幸运的是，萨拉伸出了援手。她比父亲更明智，将为她的外甥女们提供信托基金。长远来看，这样的财务支持带给她们的利益远远超过了大量现金馈赠。萨拉小姨设立的信托基金中的一些款项指定了教育用途，余额要等到这些女孩表现得相当成熟时才会分配。她将成熟定义为拥有足够证明自己可以过上好的生活的能力。她无意再造出另一代"虚弱的姐妹"。不过，她对姐姐的孩子也有清醒的认识，意识到让十几岁的孩子重新适应调整会非常困难。她这些十几岁的外甥女将来会不会成为像她这样坚强、独立的女性，这一点尚不清楚，也许为时已晚，她们已经习惯了在家里经历的高消费、依赖性的生活方式。幸运的是，萨拉是个强大的榜样，她对自己可以积极地影响外甥女们的行为和个性充满了信心，而且给她们的同情和爱远非金钱可以衡量。

萨拉真正想从父亲那里得到什么？比起金钱，她更想得到父亲的爱和对她辉煌成就的承认。今天，萨拉没什么可遗憾的。除了提到老父亲，她从不留恋过去。尽管依然觉得自己从未得到父亲承认，她会告诉你她从这份需要中获益。萨拉的很多雄心和动力源于希望自己的成就得到他人承认，这一点也适用于许多将早期生活的逆境转化为终生成就的灰姑娘。

无业的成年子女

与 B 型家庭主妇类似，无业的成年子女每年得到父母现金馈赠的可能性，比有工作的兄弟姐妹高得多。关于接受赠款与否和实际金额，我们的研究发现很可能低估了，因为约 25% 的男青年（25到 35 岁）和富裕父母同住，而一些接受调查者不认为这种居住方式属于馈赠。成年儿子住在父母家的概率是成年女儿的两倍多。

没工作的人常有一段在工作与失业间交替的历史，还有些是所谓的职业学生。通常，父母认为，现在和将来这些孩子都比他们的兄弟姐妹更需要钱，因此无业子女继承遗产的概率是在职兄弟姐妹的两倍多。

属于此类的成年子女多半与父母有紧密的心理和经济联系，住得离父母很近的可能性大得多——也许同一条街，甚至同一个屋檐下。这个孩子，尤其是成年的儿子，在家里当小工、做帮手或者跑腿都是很平常的事。

无业成年人有时没有能力维持全职工作或对此不感兴趣，收到第一笔赠款经常是在他们显露出这种迹象的时候。一些接受大量赠款的青年大学一毕业或读完研究生就住回家里，还有的得到用于衣食住行和学费的大量赠款，父母还经常帮他们支付医药费和健康保险费。许多这类赠款来自资金超出需要的大学学费储蓄计划：决定结束学业时，这些成年子女常常会有一大笔在法律上属于自己的钱，这笔钱常被用来帮他们维持舒适的生活。

成年早期阶段的失业与人生后期的失业有关联，许多无业的中年子女常常每年得到直接现金补贴。另外，失业的发生与更多、更频繁的赠款相联系。这些成年子女也比在职兄弟姐妹更有可能继承个人房产形式的遗产。

生前身后

为了做一次重点集体面谈，我们请招募人员给我们提供 8 到 10 名百万富翁，做一次 3 小时的访谈。所有人都应该是理财大师，并且至少有 300 万美元净资产，我们还要求这些百万富翁必须超过 65 岁。每名参加者可以得到 200 美元报酬。

访谈两天前，我们招募到 9 名百万富翁。但访谈那天早上，招募员来电告诉我们其中一位来不了了，希望可以找人代替。距访谈还有 1 小时，招募员再次来电，说找到了一位 62 岁的参与人，是高收入的企业主，但不符合关于理财大师的严格定义。不管怎么样，我们同意带上他，这个偶然的决定却产生了意想不到的效果。

这位顶替的受访人，安德鲁先生，事先不知道其他受访者是富翁，也许那就是他开始吹嘘起自己"财务状况非常之好"的原因。实际上，他收入虽高，净资产却相对较少，是模样举止像富人的典型理财外行。他戴着两条金手链、一只看上去很贵的镶钻手表和几枚戒指，透着自信向这群人讲自己的故事。但与 8 位聪明人谈了 3 小时后，他的举止变了，信心似乎随着访谈的进行而减少。我们相信，安德鲁先生那天学到了一些关于财务规划和财富代际分配的重要课程。

安德鲁先生告诉我们，他过得很好，实现了财务目标。但被问及目标是什么时，他又说不出个所以然。他的计划的一个主要部分是赚取高收入，一直认为财务计划的"其余绝大部分"会"自动实现"。我们访问过许多像他这样的理财外行，无论我们如何询问他们的财务目标，回答总在预料之中：

你知不知道多少名人住在我那个社区？

我赚了很多钱。我的房子与一个摇滚明星只隔两家。

我女儿嫁了个收入特别高的家伙。

谈到自己时，安德鲁先生这样的理财外行通常会强调什么？他们的收入、消费习惯和高档物品。理财大师则会谈到他们的成就，如学问和他们如何积累起财富。你会注意到，理财外行安德鲁与参加我们重点集体面谈的 8 名理财大师的财务目标大不相同。

几名更年长的受访者特别详细地回顾了各自经历。要不是安德鲁先生一开始那番高谈阔论，我们觉得信息的流淌不会这么自如。安德鲁先生与众不同的观点促使他们回以自己的见解，结果就是这些理财大师提供了关于各种问题的宝贵建议，如馈赠、遗产执行人的作用和选择、继承人间的冲突、信托基金，以及赞成和反对"从坟墓里控制子女和孙辈"的理由。

我们用一个问题开始了访谈：

能不能请大家先说说自己呢？

所有 9 名受访者简单介绍了自己。一个典型的回答是这样的：

我叫马丁，已婚，和妻子共同生活了 41 年。我有 3 个孩子，分别是医生、律师和经理。我们有 7 个孙辈。不久之前，我卖掉了企业，现在积极参加几个宗教组织和两个帮助年轻人创业的组织。

所有受访者目前都拥有和管理着自己的企业，或在最近卖掉企业退了休。除 62 岁的安德鲁先生外，其余人最年轻的在 65 岁上下，最年长的不到 80 岁。简单的自我介绍过后，受访者讨论了各自的财务目标。第一个发言的是安德鲁先生。

自己做企业……早上起床，每一天都是挑战……我规划工作……执行计划。那就是我的企业成功的原因。

安德鲁先生谈了他现在如何给钱，以及他的财富将来会如何分配：

> 我有个女婿是医生……还有个是律师。他们过得很好（挣到很高的收入），都按最高所得税率交税……他们不需要我的钱。
>
> 但他们的妻子——我的孩子……我的女儿，需要钱。她们很会花钱……当然，一直以来，我把她们惯坏了，我现在为此付出了代价……她们打来电话，叫我给她们的孩子买钢琴，我就买钢琴……自行车和生日聚会……也是我花钱。我喜欢给她们钱。
>
> 我的女儿是我的所有寿险保单的受益人，这些钱付我所有遗产的税和费用绰绰有余，余钱都留给女儿。
>
> 我入土后，随她们怎么处理我的钱……（她们）可以留着，拿去赌也行……我只希望她们快乐。

"快乐"对安德鲁先生意味着有钱花，"骄傲"是女儿嫁了能挣到高收入的人，他不断提到这些。

坐在安德鲁旁边的是拉塞尔先生，这位非常富有的绅士最近刚刚卖掉了他的制造企业。在安德鲁先生承认惯坏了女儿后，拉塞尔先生立即接过话头，从椅子上欠起身，说出这番话来：

> 我有3个女儿……都有事业，都在工作……她们都很快乐，都住得离我很远，有自己的生活……我不担心她们将来要

花我的钱……她们也不想。我们不讨论这个问题。但我过世后，会留下一大笔钱……很多，我敢肯定。

另一位受访者约瑟夫先生点点头，说：

我们有两个女儿，一个是一家大公司的副总裁，另一个是科学家……她们争气，我们很自豪……她们将来衣食无忧。但作为一家人，我们不怎么考虑我的遗产。

拉塞尔先生和约瑟夫先生的做法是对的。如果你很有钱，而且希望儿女成为快乐、独立的成年人，那么对于以得到别人的钱为中心的话题，尽量不要讨论，也不要去做。

听完这些话，另一位受访者问到安德鲁先生对他企业的处理。他的发言引得年纪较大的访谈组成员纷纷做出很有意思的评论。安德鲁先生说：

我把从企业里挣到的每一分钱都交给女儿和外孙、外孙女。我不需要钱，孩子们可以用它。我给足了法律允许的限度。

安德鲁先生打算如何处理企业的所有权呢？他最终会卖掉它，或是交给子女经营，还是另有打算？

我和大儿子比利谈好了，让他每年付一笔费用……他最终将拥有全部企业。

几位年纪较大的受访者质疑这个计划，因为这显然很可能会在安德鲁先生的子女间引发矛盾。安德鲁先生的企业属于服务、分销行业，除非继续在安德鲁管理下经营，否则价值不会太大。换言之，除非比利·安德鲁继续经营下去，否则这个企业根本就不会存在。一名受访人问：

如果你现在挂牌出让，企业价值有多大？

安德鲁先生承认企业价值不大。那么他为什么要求长子和关键雇员购买企业呢？为什么不直接交给长子？记住，他把企业的所有利润都给了女儿，还计划将出售企业所得——儿子比利购买企业付的钱——都给她们。而且女儿已经从他那里得到了大量现金馈赠，但比利没有。依父亲判断，比利不需要补贴，他在创造收入方面极有才干，可以一直"挑起重担"。另一方面，安德鲁先生觉得女儿光靠自己没有能力维持中上阶层生活方式。但两个挣到很高收入的女婿呢？

在安德鲁先生看来，女婿永远挣不到足够的收入来支持"女孩们的"高消费习惯。另外，他告诉我们：

你永远不能完全信任女婿……随时都有可能离婚。

那么未来给女儿的经济门诊关怀呢？安德鲁先生的代理人比利将提供这个问题的解决方案。安德鲁先生的计划要求比利在父亲去世后若干年里付款给姐妹，这些年度支付的款项将来自"他的企业"的利润。这是否不同寻常？不。企业主和医生常常处于类似境地（见表6-5和表6-6）。

本质上，比利被要求为姐妹的生活方式提供大量补贴。这是一种建立在引人瞩目的消费基础上的生活方式。安德鲁先生"相当肯定"地觉得比利会满足父亲的愿望。也许他会，但如果你是比利的妻子，对这份计划会有何反应？稍稍想一想，你丈夫正在为他姐妹的华服、豪车、度假等付钱。大部分配偶觉得要先把家顾好了才能顾到外人。注意，配偶常常是引爆与财产分配不公有关的家庭矛盾的人。

其他访谈参与人没有直接批评安德鲁先生的计划，说话时也都看着大家，不直接看安德鲁先生。然而随着讨论进行，其他受访者对"安德鲁计划"评价不高的立场也越来越清晰。

一位年长的受访者回忆了一个相关的情况：

> 一个儿子对父亲失去了耐心，想接手父亲的企业，但不愿意等到父亲去世。于是儿子创建了自己的企业，实际上与父亲的企业竞争起来。

安德鲁先生很快反驳说：

> 我和儿子签了不竞争协议……一家人的事都要建立在信任基础上，不是吗？

表 6-5 企业主获得的馈赠与遗产：富人的成年子女对比

得到馈赠、遗产的可能	给予馈赠、遗产的理由	子女在父母心中的"地位"	子女可能得到馈赠、遗产的阶段	馈赠、遗产的形式和类型
在富人的所有子女中，企业主得到父母现金馈赠或遗产的可能性更小。 只有少数企业主继承了家庭企业。总体上，他们开创自己的企业。	父母通常希望向希望创业、有志做企业主的儿子，女儿提供种子资金。 一旦被认为获得成功，企业主将难以获得任何现金馈赠、遗产。父母经常认为企业不需要经济门诊关怀。 有企业主志向的富人子女拥有所有业别里最高的收入、净资产类别参数。 一些接管父母、家庭企业的子女经常被要求向经济能力精逊的兄姐妹长期支付"购买款"。	企业主通常是坚强、独立型的。他们不大可能在心理上或经济上"依附"于父母。 年迈的父母通常更"依附"于有企业主志向的儿女，而不是相反。	企业主一般在成年早期得到现金馈赠。	富人的所有子女中，企业主读大学、研究生的年限一般更少。富裕父母给向企业主志向的子女的大学学费基金经常有剩余。现金、证券馈赠经常来自这类情况。用于种子资金的现金馈赠也经常以全部或部分免还的借款形式给出。

表 6-6　医生获得的馈赠与遗产：富人的成年子女对比

得到馈赠、遗产的可能	给予馈赠、遗产的理由	子女在父母心中的"地位"	子女可能得到馈赠、遗产的阶段	馈赠、遗产的形式和类型
医生得到父母遗产的可能性在富人的所有子女中最小。 他们每年得到父母现金馈赠的可能性处于富人的所有子女的平均值。 医生的父母经常指望他们向不那么富裕的成年兄弟姐妹赠送专业服务，有时还指望他们赠送金融资产。	父母经常觉得，做医生的子女不需要继承遗产或需要任何额外财富，觉得医生不需要任何馈补了，因为"医生已经很富有了"。 他们的兄弟姐妹（非医生）偶尔游说父母，劝父母"将医生从遗嘱里去掉"。一些父母觉得做医生的儿女会在兄弟姐妹需要时提供经济支持。	医生属于最不可能在经济上依赖父母或动用父母财富的群体。他们通常会坚定宣称自己的独立性。这样的"立场"给了父母"医生不需要我们给钱"的额外证据。	医生通常会在成年早期得到现金馈赠。随着他们接近中年，得到现金馈赠的可能性急剧下降。	他们得到的馈赠是用于学费和"启动资金"的现金。 继承了遗产的医生通常得到的是现金或其他金融资产，而不是房地产或实物、收藏品。

参加访谈的人似乎想了一会儿这个说法，也许安德鲁先生对自己的计划又有了新的想法。

安德鲁先生不久又透露，子女是他的遗产执行人。哈维先生这时举起手，问是不是可以发言。我们自然乐于倾听。哈维先生是这群人里年纪最大、最富有的受访者。他首先强调了推动继承人之间和睦的重要性，按他的说法，在这方面遗产执行人的选择非常关键。他做过几份遗产的执行人或共同执行人，十分清楚遗产执行是份艰难的工作，执行人和遗产继承人之间常会生出敌意。出于这个原因，他仔细选择了自己的遗产执行人：

> 我有两个孩子，关系很亲密，他们可以商量处理好我的遗产……但他们会和律师一起这样做……孩子和我的律师是我的遗产执行人。我让律师插手只是为了保持平衡……你们知道，涉及钱，什么都会发生。我希望维持良好关系……但如果没有一个经验丰富的专业人士，好的关系也许会在最后一刻恶化。

安德鲁先生接着开口，用略带质疑的口吻问：

> 你真的要用外人当执行人？

作为回应，9 名参与人中有 7 人声称，除了家庭成员外，至少一个外人将会是他们的遗产执行人。林先生是位退休的企业主，有 9 个孙辈。他也在这 7 人当中。林先生曾做过几份遗产的共同执行人，见过那样的情况，祖父母的财富继承人是那些被宠坏的二三十岁的孩子，他们没有那样的训练、自律或志向来支持已习惯享受的富裕生活方式。几个这样的成年人还住在长辈家里，所有人都一直得到祖父母的经济门诊关怀。但正如林先生所说，一旦"井干了"，问题就来了。祖父母死后，孙辈和父母成了对手，每代人都觉得自己应该得到遗产收益的大部分。

这些经历深深影响了林先生，他意识到一个人应该在去世前很久就选择专业人士作为共同执行人。结果，经年累月，他与一名非常能干的遗产律师和一名杰出的税务会计师建立了很好的关系。他在退休前寻求他们的建议，意识到终有一天，这些专业人士将代表他来防止或至少降低孙辈争夺遗产的可能性。这些年来，他还向他们咨询如何"给予但不惯坏"。现在他给孙辈礼物，但不是以物品或社会特权的方式，而且每次给之前都要得到这些孩子的父母的同意。

> 给孙辈的信托基金是受控的……钱只有在各个孙辈达到某种程度的成熟时才给……我对此有不同意见，但我听从了律师和税务师的意见……我不想从坟墓里爬起来控制他们，但根据信托基金设立的方式，我的孙辈必须工作。

林先生的继承人要接近 30 岁才开始得到继承的财产。有一些富裕的祖父母给孙辈物品和特权，林先生和妻子给他们的是教育。这样的礼物目的是强化孙辈的自律、志向和独立性。

格拉厄姆先生下一个发言。他回忆了自己作为共同执行人的经历，这段经历帮助他选择自己遗产的共同执行人。

你得用到判断力。你得明理，有同情心。我是（一个密友的）一大笔遗产的执行人，我有自由决定权……并非每一项（决定）都是规定好的……

　　他的女儿（23岁）准备结婚……我知道她父亲会希望她有个体面的婚礼……于是我们给了她……父亲可能会给她的那种婚礼。

　　在她结婚生子后，我依然不确定她是否成熟，因此只给了她够买一所漂亮房子的钱……后来我确信她可以照顾好自己……于是批准了信托基金剩余部分的分配。

在那个女儿30岁生日前，格拉厄姆先生判断她有能力管理继承的遗产时，她得到了余下的遗产。她通过稳定的婚姻、母亲角色和自己的事业表现出了足够的成熟。

选择自己的遗产执行人时，格拉厄姆先生选了一名律师，也是个老朋友。他发现："让孩子埋怨仲裁人总比让他们互相埋怨好。"

沃德先生是另一位富翁受访人，也做过遗产执行人。他没选儿女，而是选了两名律师作为自己数百万美元遗产的执行人。一名律师是他的侄女，另一名是国内顶级律师事务所之一的合伙人。沃德先生解释了这一选择：

　　我选择年轻律师，因为我觉得他们会更理解我的遗产继承人的需要。两人都品格高尚，能体谅人……在行内也互相熟悉。

除了理解、同情和人品外，另一个特征对沃德先生也很重要：

撰写（我的）遗嘱的律师就是我选择与我侄女一起作为共同执行人的那位。我觉得，如果我的儿子和女婿有了争议……他会是很好的仲裁人。那就是我选他的原因。他与我私交很久，也是个成功的商人。

沃德先生的评论与我们的许多研究成果相符。首先，许多理财大师与几个重要的专业人员如顶级律师和会计师有长期密切交往。其次，沃德先生一类的人多有亲戚或至交向他们提供关于遗嘱、信托基金、遗产和馈赠的建议。实际上，在其他条件相同的情况下，继承人尤其是子女为专业遗产律师的，遗产的实际税负通常更少。身为律师的子女充当了富裕父母的正式或非正式法律顾问和意见领袖，极大地影响了遗产计划的所有方面，包括遗产律师的选择、遗嘱条款、家族资产的最终处置、执行人的选择、信托服务的选择及给子女和孙辈的财务馈赠的次数和数额。

身为律师的亲属通常会建议父母，如何通过每年给予子女和孙辈财物来尽量减少遗产税。因此，只要家中的子女中有人是律师，一家所有孩子从父母那里得到大量现金馈赠的可能性会大大增加（相应地，这些孩子比普通的富人子女继承的遗产更少，因为在父母去世前，遗产里的很大一部分财富已经分给了做律师的子女及其兄弟姐妹）。

所有这些经验丰富的受访人想告诉安德鲁先生什么呢？首先，他的遗产太复杂，有许多主观条款。他承认计划中包含了无数口头承诺和财务义务。如何处理这些复杂的安排，他需要专家的建议。考虑找个遗产律师、仲裁人作为他的遗产执行人将是明智之举，否则他的遗产计划很可能成为子女之间许多冲突和矛盾的诱因。

但如果安德鲁先生像我们访问过的许多理财外行一样，又会如何呢？那样他不太可能与律师这类专业人士建立长期而密切的工作关系。别忘了，安德鲁先生声称不需要外人来帮助他，因为"我信任我的孩子……这一切都基于信任"。但信任不是这类情形下的唯一因素。

富裕父母与能干的子女适用的规则

儿女取得了成功的富人给了我们许多关于如何培养子女的宝贵信息。下面是他们的一些指导原则：

1. 决不告诉子女他们的父母很富有。

为什么许多理财外行的成年子女可能挣到高收入，却不会积累财富？我们相信，主要原因之一是孩提时期他们不断得到父母很富有的信息。成年理财外行的父母通常过着自以为契合富人身份的日子，奉行在当今美国备受推崇的高档次、高消费生活方式，他们的儿女自然会尝试有样学样。相反，父母很富有的成年理财大师一次次告诉我们：

直到成为父亲的遗产执行人后，我才知道父亲很富有。他看上去一点儿也不像富人。

2. 不管你多么富有，教你的孩子自律和节俭。

你也许记得我们在第3章描绘的北方医生。这个富翁的成年子女过着节俭、自律的生活，北方医生详细介绍了他和妻子是如何培养孩子的。简单来说，他们以身作则，孩子接触的是过着典型自律、节俭生活的可信榜样。北方医生说得好：

> 孩子都很聪明，不会遵循父母都不遵循的规则。我们（我和妻子）是非常自律的父母……我们是榜样……言传身教……他们（孩子）从榜样身上学习。
> 父母教孩子做的和父母自己做的必须一致，孩子能敏锐地感觉到言行不一。

北方医生的一个女儿在12岁时送了他一份生日礼物，一幅题为"最高准则"的招贴画，女儿在上面写下了父亲传授的所有规则。北方医生如今依然将它放在办公室，显眼地挂在办公桌后。

> 孩子需要纪律和规则。她用这幅招贴画向我致意。孩子必须学会对自己的行为负责。现在，我的孩子全都非常自律、节俭。他们遵守规则。为什么？因为父母遵守规则……身教胜于言传。

北方医生12岁的女儿列在招贴画上的规则有哪些呢？
• 要坚强……接受生活的本来面貌。没人许诺给你一座开满玫瑰花的乐园。

- 永远不要自怜自哀。
- 不要趿拉着鞋走路……不浪费就不会缺乏。不糟蹋东西，它们才会更耐用。
- 关上大门……别让暖气跑掉，浪费父母的钱。
- 用完东西记得放回原处。
- 记得冲马桶。
- 主动帮助需要帮助的人。

3. 直到孩子建立了成熟、自律的成年人生活方式或事业有成后，才让他们意识到你很富有。

北方医生再次一语中的：

> 我为孩子设立信托基金……有一些遗产税方面的好处。但我的计划是要等到他们 40 岁或更大时才把钱分配出去。因为这样做，我的钱对他们那个年龄的生活方式只有很小的影响，他们已经有了自己的生活方式。

北方医生还告诉我们，他从未送给孩子现金，即使在他们成年后也没有。

> 现金给了他们太多选择……尤其在还是小孩子的时候。媒体尤其是电视控制了我们下一代的价值观，就像他们用录制的笑声控制我们对什么是有趣的想法一样……过于强调消费……

因此我从不直接给钱。我一直告诉孩子，如果你想买个大件，首先自己要有大部分钱。

4. 尽量不要讨论每个子女或孙辈将来会继承的遗产或作为礼物收到的物品。

决不轻易这样口头承诺："比利，你将来会拿到房子；鲍勃会拿到度假小屋；芭芭拉将得到银餐具。"尤其是在一群人面前或喝酒的时候。你也许转眼就忘记或弄混谁该得到什么，但孩子们不太可能会忘掉。如果没能如愿，他们会埋怨你和兄弟姐妹。随口承诺经常导致不睦和冲突。

5. 决不以给现金或贵重礼物作为与成年子女讨价还价的一部分。

要出于爱甚至责任和善意而给予。如果屈服于子女的高压而给予，父母经常会失去成年子女的尊重和爱戴。这种类型的胁迫的根源常常是父母与年幼的子女谈判的方式。即使是只有几岁的孩子也知道说，"哥哥约翰尼得到辆自行车，所以我该有辆小手推车"。约翰尼兄弟应该得到爱和善意，但他们学到的却是"会哭的孩子有奶吃"，兄弟俩也许会开始视对方为敌手。

父母甚至经常使成年子女间的矛盾永久化。你有没有对子女或孙辈说过类似下面这样的话：

我们帮你哥哥改造了房子（或送他的孩子进了私立学校，

或为他付了健康保险）。我们希望给你点钱，5000美元可以吗？

这样的提议错在哪里？接受者经常把它们看成是父母心怀内疚，为了平息不满才提出的。

6. 不要插手成年子女的家庭事务。

请父母们注意，你们对理想生活方式的看法也许与已成年的子女、女婿、儿媳截然不同。成年子女讨厌父母的干涉。让他们过自己的日子，就算是建议，也要先征得子女同意才提出来，考虑给孩子厚礼时也要征得同意。

7. 别尝试与孩子竞争。

绝对不要吹嘘你积累了多少财富，这个做法会发出混乱的信息。孩子在这方面往往没法与父母竞争，也不想这么做。你不必自我吹嘘，孩子很聪明，能看到你的成就。永远不要动辄就说"我像你这么大的时候已经……"

对于富人的许多志向远大的成功子女，积累财富并非头等大事。他们希望接受良好的教育，受到同龄人尊敬，得到一份社会地位高的工作。对他们而言，不同职业的收入和财富差异远没有对他们的父母那么重要。典型的第一代美国富人是企业主，净资产高，但通常自视不高。这些社会地位低、净资产高的父母经常从受过良好教育、拥有较高职业地位的成年子女身上得到精神支撑。问一名白手起家的百万富翁一个简单问题："罗斯先生，谈谈你自己吧。"
这位典型的百万富翁（中学辍学者）是这样回答的：

> 我结婚时还是个孩子，十几岁……中学都没读完。但我开
> 创了一家企业……现在，我功成名就，数十名大学毕业生为我
> 工作，做我的经理。另外，我有没有提到，我女儿即将以优异
> 成绩从巴纳德学院毕业？

这位百万富翁从未要求子女成为企业主。实际上，大部分富人
子女从未成为企业主，在他们的成就目标里，金钱只能排到第二、
第三位。

8. 永远记住你的孩子是独立个体。

他们在动机和成就方面各不相同，即使你努力通过经济门诊关
怀的方式缩小差距，不均衡依然存在。经济门诊关怀能减少这些差
异吗？不太可能。补贴成就较低的人通常会加大财富方面的差距，
而不是缩小，同时这么做会导致不和，因为成就较高的兄弟姐妹也
许会对这类馈赠感到不满。

9. 强调孩子的成就，不管多么渺小，而不要强调他们或你成功的标志。

教会孩子努力去成就和创造，而不是只一味消费。为花大钱而

赚钱不应是人的最终目的，这是肯的父亲一直教导他的。学习金融和市场专业的肯以优异成绩获得 MBA。他父亲是名医生，是理财大师群体的典型代表，父亲总是这样告诉肯：

> 我不关心别人拥有什么，但赞赏他们的成就。当一名医生，我很骄傲。永远努力成为你的领域里最好的……别追求金钱。如果你是你的领域里最好的，钱会找上你。

肯的父亲践行了这些信念，过着远低于收入水平的日子，做着聪明的投资。按肯的说法：

> 父亲每隔 8 年买一辆新的别克汽车，在同一所房子里住了 32 年。简朴、温馨的房子，占地不到 1 英亩①。6 个人住 4 间卧室。两间浴室……其一是父母的，另一间我们 4 个孩子合用。

肯在哪些方面最令父亲感到骄傲呢？

> 第一，中学时，我一直在一家馅饼店兼职做服务员。第二，我从没有问他要过钱。他自愿借我几千美元让我创业——就在我本科毕业之际。第三，我卖掉企业，收益足够我读完研究生，再也不必要求补贴。

---

① 1 英亩约等于 4 046 平方米。根据美国人口普查局的数据，1978 年美国新建房屋的平均地块面积是 0.43 英亩，而 2020 年新建房屋的平均地块面积是 0.32 英亩。——编者注

如今肯专注于获得成就。他是一家大型通信、娱乐公司的关键负责人，在投资商业地产和优质上市公司方面也非常精明。和父亲一样，他也是理财大师，住一幢简朴的房子，开着二手车。

父亲是肯的好榜样、好导师，但他也相信自己早年在餐馆打工的经历也有很大影响：

> 我看到各式各样的人……看到别人如何生活。我看到人们如何努力工作来养家糊口……拿着最低标准的工资，长时间工作，就为了活下去。不应该浪费钱……不管我挣多少。

10. 告诉你的孩子，世界上有许多比金钱更宝贵的东西。

> 健康、长寿、快乐、亲密的家庭、自立、挚友……（有了）其中5样，你就是个富有的人……因为你拥有名誉、尊重、正直、诚实和有所成就的经历！
>
> 金钱（是）人生蛋糕上的装饰……你不需要去欺骗或偷窃……不需要违法犯罪……（或）偷税漏税。
>
> 在这个国家，诚实地赚钱比不诚实地赚钱更容易。如果盗窃他人财产，你将永远无法在商界立足！生命是一场长跑。
>
> 你躲不过逆境，也不能让孩子躲过生活的起落。成功者经历并征服了障碍，获得成功……他们甚至从童年时代起就在这样做。这些人从未被剥夺过奋斗和面对逆境的权利，其他人则实际上被骗了。那些试图保护孩子免于感染我们社会的每一种病菌的人……从没有真正让孩子免除恐惧、担忧和依赖感，从来没有。

第7章　找到你的细分市场机会

他们擅长瞄准市场机会。

为什么你不富裕？也许是因为你没有找准市场上的位置。以富人、富人子女和富有的丧偶者为目标的市场有无限商机，那些为富人服务的人往往也成了富人。相反，包括企业主、个体经营的专业人士、销售专业人士和按月获得薪酬的劳动者在内的许多人，从没挣到很高的收入。也许那是因为他们的客户钱很少甚至没钱！

你也许会说："你们告诉我们说富人通常节俭。为什么要以那些不花大钱的人为目标？为什么关注那些对产品和服务的价格斤斤计较的人？"富人，尤其是白手起家的富人，在许多消费品和服务上确实节俭，斤斤计较。但在购买投资建议和服务、会计服务、税务建议、法律服务、给自己和家人的医疗护理、教育产品和住房方面，他们完全不同。因为富人多数是个体经营的企业主和经理，他们也是工业产品和服务的采购者，是从办公楼到计算机软件的各种产品的消费者。另外，为子女和孙辈购买产品和服务时，富人一点儿也不节俭。在花费父母和祖父母赠予的大量现金时，富人子女也不节俭。

跟着钱走

下一个 10 年，这个国家将拥有史无前例的财富，为富人服务的机会将超过以往。想想这些关于美国经济的事实：

1996 年，美国总计 1 亿家庭中约 350 万个家庭拥有 100 万美元或更多净资产，百万富翁家庭的财富占美国全部私人财富的近一半。从 1996 年到 2005 年，美国家庭财富的增长速度大概将是家庭数量增长速度的近 6 倍。到 2005 年，美国家庭总资产将达到 27.7 万亿美元，比 1996 年高出超过 20%。[①] 此时，美国百万富翁家庭数大约将达到约 560 万，净资产超过 100 万美元的 5.3% 家庭将拥有美国大部分私人财富（27.7 万亿美元中的 16.3 万亿美元，相当于 59%）。

据估计，这 10 年间，将会有 692 493 位逝者留下价值超 100 万美元的遗产，总计将达到 2.1 万亿美元。这一数额的约 1/3 将被分给逝者的配偶（80% 的情况下为女性），即约 7 000 亿美元。逝者的子女将收到近 4 000 亿美元，人均 189 484 美元。这些富裕家庭的遗产继承人，消费倾向比同收入、年龄群体的其他人高得多。

---

① 据美联储统计，2005、2022 年美国家庭总资产分别为 59.95 万亿、137.63 万亿美元。——编者注

表 7-1　超过 100 万美元遗产的分配估算 [1]

（单位：10 亿美元）

分配类别	年代			
	1996（样本量 = 40 921）	2000（样本量 = 66 177）	2005（样本量 = 100 650）	1996—2005（总样本量 = 692 493）
减免后的遗产税	14.95	24.65	40.65	269.04
给配偶的遗产	38.92	64.17	105.80	700.24
慈善遗赠	8.56	14.12	23.28	154.07
生前转移	21.88	36.07	59.47	393.65

[1] 分配估算基于 1990 年不变价格美元。

表 7-2　遗产服务费用估算 [1]

（单位：100 万美元）

费用类别	年代			
	1996（样本量 = 40 921）	2000（样本量 = 66 177）	2005（样本量 = 100 650）	1996—2005（总样本量 = 692 493）
律师费	962.5	1 586.9	2 626.3	17 105.6
执行人费用	1 241.1	2 042.3	3 373.7	22 329.9
管理费	938.1	1 546.7	2 550.0	16 878.1

[1] 费用估算基于 1990 年不变价格美元。

另外，为了尽量减少遗产税，许多富人通过生前将大量财富转移给后代来减少遗产数额。1996 年到 2005 年的 10 年间，预计在世的父母、祖父母将给予成年子女、孙辈超过 1 万亿美元。这些馈赠的形式多种多样，包括现金、收藏品、房屋、汽车、商业地产、上市公司证券和按揭贷款支付等，相当于每个富人孩子分到超过 60 万美元（按 1990 年不变价格美元计算）。1 万亿美元这一数字还是非常保守的估计，因为按我们早先说明，到 2005 年，净资产超过 100 万美元的家庭将拥有美国私人财富中的 16.3 万亿美元，因此给予子女和孙辈的这 1 万亿美元只占到这笔财富中的一小部分（6.3%）。

这种馈赠往往是免税的。通常，富人分出财富以降低赠予税负担。每人每年最多可以给每个子女和孙辈 1 万美元，这样，一对有 3 个子女和 6 个孙辈的夫妇每年可以免税赠予 18 万美元。注意，在计算税负时，赠予的学费和医药费通常不在其内。

可能从富人身上受益的行业和职业

在接下来 20 年，在不同领域内为富人及其继承人解决问题的专业人士应该有很大需求。

有擅长领域的律师

一位父亲最近向我们咨询儿子的理想职业，他儿子是一名成绩全优的大二学生。当我们建议可以考虑做律师的时候，这位父亲是如何答复的呢？他说律师太多了。我们回答，是法学院毕业生太多了，而对高级律师的需求一直存在，对能开拓新业务的律师的需求甚至更大。他问到最适合儿子的法律领域，我们说了3种：

我们推荐的第一个领域是遗产法。从1996年到2005年的10年间，预计与处理超过100万美元级别的遗产有关的律师费总额将达到171亿美元（见表7-2），许多律师还会通过担任遗产执行人、共同执行人或遗产管理人来获得收入。在价值超过100万美元的遗产中，律师作为执行人或管理人参与的只占一小部分，但即便是估计的223亿美元执行人费用和168亿美元管理费的一小部分，对有能力的遗产律师而言也是一大笔收入。

从1996年到2005年的10年间，遗产律师很可能从超过100万美元级别遗产的服务中创造超过250亿美元收入。这一数字超过了1994年所有法律事务所的全部业务创造的净收入！当然，与纳税人在同一个10年期间付给联邦政府的近2 700亿美元遗产税相比，这个金额只是一小部分（见表7-1）。

一名成功的遗产律师不光提供法律服务，一些更成功的遗产律师还担任富人及其继承人的导师和家庭顾问。这些律师必须特别善于满足丧偶客户的需要。在已婚富裕人群中，几乎所有人都打算将遗产留给配偶，因为配偶继承遗产无须支付遗产税。[①] 这种无限制的夫妻间的免税继承相当于将遗产税推迟到更长寿的一方去世之后。

丧偶的富裕女性面临一个特别困难的形势，这类人中超过半数

---

① 此处使用的"继承"一词不符合传统定义，讨论财富在配偶间转移时，用"继承"一词有点误导，因为绝大部分配偶"继承"的是他们的共有财产。

已经与同一配偶结婚超过 50 年。1996 年到 2005 年间，富裕的丧偶者中的男女比例是 1:4。年龄是解释这一差异的最重要因素：在已婚的百万富翁人群里，男性平均预期寿命是 75.5 岁，女性平均预期寿命是 82 岁。另外，男性通常会娶平均比他们小两岁的女性。这样，在典型的富裕夫妇人群里，75.5 岁去世的丈夫会留下比他小两岁、预期可活到 82 岁的妻子。这种情况下的大部分女性没有再婚，因此会在去世前孀居 9 年。

据估计，从 1996 年到 2005 年的 10 年间，已婚百万富翁人群中近 29.6 万女性将丧偶，她们平均继承的遗产将在 200 万美元上下（按 1990 年不变价格美元计算）；同一时期内，丧偶的男性约为 7.2 万，他们将继承超过 1 250 亿美元，相当于平均继承约 170 万美元遗产。

对遗产律师的需求最迫切的会是哪些州？我们认为，下一个 10 年，加利福尼亚州、佛罗里达州、纽约州、伊利诺伊州、得克萨斯州和宾夕法尼亚州的需求将特别高。

富人收入的最大支出类别是什么？是所得税。我们推荐的第二个领域与收入、财富相关。年实现收入处于 20 万美元及以上级别的富人只占到美国家庭的约 1%，但他们支付了 25% 的个人所得税。未来，他们希望能进一步减少实现收入。

到 2005 年，当百万富翁家庭控制了美国私人财富的 59% 时，会发生什么情况？政府很可能想出在收入以外对财富征税的新办法，向富人施加更大压力。根据我们对百万富翁的调查，这是富人最为关注的：富裕人群最担心的问题之一，就是为了政府开支和减少财政赤字而支付越来越高的税金。有几个州已经有了财产税，每年这些州的人必须列出自己拥有的全部金融资产，股票、债券、定期存款等都成了征税对象。联邦政府以这种方式对财产征税会有多难？不太难，因为联邦政府已经知道，一些州如何在资本成为实现收入前就征税。

我们相信，在接下来的 20 年，富人将需要用上法律允许的每一种办法来维持富裕，他们正受到自由主义政客及其朋友——税务官的围攻。无疑，富人将不惜花钱购买法律建议来帮他们抵抗这场围攻，而税务律师将成为这场保卫战的基本环节。因此，我们向那位父亲推荐他儿子从事的第二个法律领域是税务法律。

我们推荐的第三个领域是移民法。以移民法为专业的律师很可能从这一领域可预见的发展中受益。例如，移民到美国、归化为美国公民将变得越来越难，与此同时对美国公民身份的需求将大大增加，特别是富裕的外国人。许多这类人将寻求美国公民身份，移民律师无疑将从这一趋势中受益。

对移民相关法律专业知识的需要并不仅限于富裕的外国企业主，美国公司对高端技能专业人士和科学工作者的需求日益增长，这些雇员需要越来越多精通移民法规且经验丰富的律师提供服务。

医疗保健专业人士

下一个 10 年，许多专业人士将从富裕人群在卫生保健方面的巨额花费中获益，越来越多的富人将为成年子女和孙辈支付医药费。目前，44% 的百万富翁正在或已经支付了成年子女、孙辈的医药费。预计下一个 10 年，百万富翁将为成年子女和孙辈支付超过

520 亿美元医药费。

这些医药费大部分不在医保计划覆盖范围内。一些熟练的卫生保健专业人士宁愿与个人付款者直接交易，也不愿与第三方官僚组织打交道。在提供这些医保覆盖范围外的服务方面，他们的作用尤其重要。越来越多的专业保健人员已开始关注这个富人自费市场。技艺高超、声名卓著的专家最有可能从这一趋势中获益，他们的收费常高于任何保险公司愿意支付的标准。富人经常直接付款给专业保健人员或组织，以此避免直接给子女钱的时候交纳赠予税。许多富人也为自己购买"可选"保健服务。将从中受益的专家包括：

• 牙医：牙科相关的医疗美容服务，包括牙齿漂白、镶嵌、环镶、隐形矫正架及下颌矫正术等

• 整形医生：鼻腔整形手术、鼻塑形手术、耳塑形手术、去文身、面形修整、化学脱皮和永久脱毛等

• 皮肤病医生：祛痣、整形外科、痤疮治疗、去雀斑和电蚀除毛等

• 变态反应专科医生：治疗疲劳、皮疹、荨麻疹、瘙痒、与过敏相关的情绪波动和抑郁、食物过敏、学习障碍和新居综合征等

• 心理医生：提供职业咨询、学习和工作方面的评估、治疗注意力缺乏症、治疗强迫性进食障碍、过度害羞与过度自信矫正训练和智商与能力测试等

• 精神科医生：治疗压力和焦虑、滥用药物和酗酒、学校压力和恐慌症等

• 按摩医生：通过治疗缓解压力，减轻头、颈和腰部疼痛等

资产清算师、资产服务师和资产评估师

并非所有代际馈赠都是以现金或现金等价物形式，给成年子女或孙辈的馈赠经常是私营或家族企业、钱币收藏、邮票收藏、宝石和贵金属、林地、农场、油气资源产权、私人房产、商业地产、枪支收藏、瓷器、古董、艺术品、汽车、家具，等等。接受者通常对这些项目兴趣不大，希望尽快变现。他们需要专业人士就馈赠的真实价值、如何出售、如何做短期管理、如何增值等提出建议。未来将从中受益的专业人士包括：

- 评估师和拍卖师：提供估值、评估服务，帮助销售各种资产，如上面所列
- 钱币和邮票交易商：提供评估服务，在某些情况下直接现金收购钱币和邮票收藏
- 典当经纪人：提供地区性服务；他们是处理遗产中的珠宝、钻石、贵金属、钱币、枪支、古董、瓷器、收藏品、名表、银餐具等方面的专家
- 房地产管理专业人士：提供一处或多处房地产的资产管理、维护、收取租金和全包清洁等服务

教育机构和专家

超过 40% 的美国富人为孙辈支付私立小学、中学学费。随着富裕人口的快速增长，接下来 10 年内，数百万上私立学校的学生将得到学费补贴。考虑到这些事实，对私立学校、私立学校教师、

辅导老师和家庭教师的需求很可能快速增长。与此同时，学费和相关支出也会大增。因为富裕的祖父母正在推高私立学校的学费，他们的许多成年子女无须为孩子享受的服务付钱，因此对私立学校教育费用的飞速增长相对不那么敏感。将从中受益的机构和专业人士包括：

• 在托儿所、幼儿园、小学和中学层面提供收费教育的私立学校经营者和教师

• 音乐、戏剧、美术、特殊教育与学习障碍项目、职业咨询、SAT 及其他类型的招生与能力测试辅导等专门领域的经营者和教师

专业服务人士

如前所述，律师在财产的代际转移中发挥着关键作用，在这方面会计师的作用也非常重要。这些专业人士通常充当了富人的重要顾问，这种情况下的顾问服务超出了常规的会计和法律服务的核心部分。这些专业人士熟悉将大量财产和其他馈赠分配给子女和孙辈的最佳方式，富人依赖他们的这类见解。会计师常被客户视为防止支付大量赠予税和遗产税的第一道防线，常被请去充当富裕顾客的遗产的共同执行人，在这些情况下，共同执行人得到客户遗产的一定比重也不奇怪，这是富人对这些忠实顾问兢兢业业服务了一辈子的回报方式。从中受益的专业人士包括：

• 会计：提供税务规划策略；提供遗产、信托和赠予税方案；提供信托服务；提供企业、资产估值和退休规划

住房专家和家居产品、服务

超过半数富裕人口将为后代购买住房提供财务支持。这一数字实际上低估了这类经济门诊关怀的数量，因为大量没指明特定用途的其他财务馈赠实际上也被用于购买住房和相关支出。从亲属那里得到"购房补贴"的人通常对住房价格不像没补贴的人那么敏感（和之前一样，我们的数据表明花别人的钱不心疼），许多受雇于住房和按揭贷款企业的人会从这个趋势中获益。

即便有了购房补贴，贷款通常还是免不了的。实际上，父母提供部分房款常常导致儿女购买更贵的房子或使用更多按揭贷款。将从中受益的专业人士包括：

- 住房承建商
- 按揭贷款提供商
- 改造和装修承包商
- 住宅地产开发商、代理商
- 油漆、墙面材料和装饰材料零售商
- 警报和安保服务提供商
- 室内设计和装饰服务提供商

筹款顾问

从中受益的专业人士包括：
- 从事慈善研究、制定目标策略，以及向基金会和教育机构提供咨询的专业人士

旅行代理、旅行社和旅行顾问

富人喜欢带着子女、孙辈去度假，许多人在这方面花费巨大。约55%的富人最近一次度假消费超过了5 000美元，1/6的人花费超过1万美元。从中受益的专业人士包括：

- 以接待家庭为主的度假胜地经营者
- 游轮、旅行、环球度假、远足和游猎经营者

机会可能在哪里？

对以富人为目标的市场有兴趣的人，需要知道现实机会的地理分布。请注意，依然在世的百万富翁数量是超过100万美元级别的遗产案例数量的约40倍。因此，对许多希望做富人生意的人而言，在世的百万富翁更值得关注。

怀着这个想法，我们估算了美国到2005年有多少净资产超过100万美元的家庭，还估算了50个州和哥伦比亚特区及住在海外的美国人中各有多少这类家庭（见表7-3）。注意加利福尼亚州拥有的百万富翁家庭数量最多，但以每10万家庭的比例而言，康涅狄格州排名第一。

表 7-3　2005 年美国各州百万富翁估算数量

	总计	每 10 万家庭	相对集中度
全美国	5 617 766	4 946	100
亚拉巴马	66 315	3 844	73
阿拉斯加	19 216	7 148	136
亚利桑那	76 805	4 501	86
阿肯色	32 008	3 228	62
加利福尼亚	773 213	5 762	110
科罗拉多	92 677	5 936	113
康涅狄格	109 481	8 702	166
特拉华	18 237	6 247	119
哥伦比亚特区	14 076	6 815	130
佛罗里达	289 231	4 911	94
佐治亚	146 064	4 973	95
夏威夷	30 857	6 046	115
爱达荷	19 264	3 883	74
伊利诺伊	283 329	6 054	116
印第安纳	108 679	4 674	89
艾奥瓦	46 202	4 100	78
堪萨斯	49 784	4 755	91
肯塔基	56 271	3 668	70
路易斯安那	62 193	3 611	69
缅因	18 537	3 887	74
马里兰	149 085	7 283	139
马萨诸塞	154 390	6 746	129
密歇根	202 929	5 406	103
明尼苏达	102 662	5 533	106

（续表）

密西西比	30 045	2 841	54
密苏里	92 665	4 431	85
蒙大拿	12 954	3 661	70
内布拉斯加	28 026	4 276	82
内华达	36 272	5 577	106
新罕布什尔	26 941	6 013	115
新泽西	258 917	8 275	158
新墨西哥	26 352	3 758	72
纽约	431 607	6 153	117
北卡罗来纳	130 362	4 450	85
北达科他	9 559	3 865	74
俄亥俄	197 554	4 485	86
俄克拉荷马	46 734	3 593	69
俄勒冈	62 776	4 795	92
宾夕法尼亚	238 010	5 033	96
罗得岛	19 672	5 125	98
南卡罗来纳	58 479	3 867	74
南达科他	10 613	3 584	68
田纳西	91 263	4 285	82
得克萨斯	365 034	4 736	90
犹他	33 850	4 097	78
佛蒙特	10 035	4 407	84
弗吉尼亚	171 516	6 327	121
华盛顿	134 570	5 764	110
西弗吉尼亚	21 774	3 077	59
威斯康星	100 421	4 852	93
怀俄明	9 021	4 493	86
其他地区	41 239	3 640	69

第8章 工作：百万富翁与继承人

他们选择正确的职业。

大约 10 年前，一家全国性新闻杂志的记者打来电话，问了一个我们最常被问到的问题：富人都是些什么人？

读到这里，你也许已经能猜到答案。美国大部分富人是包括个体经营的专业人士在内的企业主。20% 的美国富裕家庭户主是退休人士，余下的 80% 中，超过 2/3 的户主是个体经营的企业主。在美国，只有约 18% 的家庭户主是个体经营的企业主或专业人士，但这些个体经营者成为百万富翁的可能性是为他人工作的雇员的 4 倍。

记者顺理成章地提出下一个问题：百万富翁都拥有哪些类型的企业？

我们的答案与我们给任何人的一样：不能根据所处的企业类型来预测一个人是不是百万富翁。

研究各行各业的百万富翁 20 年之后，我们得出结论：在预测企业主的财富水平时，他的个性比他所处的企业类别更重要。

但不管我们怎么努力解释这一观点，记者都希望将事情简单化。如果他们可以告诉读者"这些就是百万富翁从事的 10 个行业"，那该是多好的一篇报道，多吸引人的标题。

我们不厌其烦地强调，并不存在能确保一个人变得富有的可靠步骤。记者经常忽略了那些事实，他们歪曲我们的研究结果，制造轰动话题。是的，如果你是个体经营者，更有可能成为富人。但一些记者没告诉你，大部分企业主不是百万富翁，并且离富有还差得很远。

我们确实告诉过记者，通常有一些行业比其他行业更有利可图，因此那些在更有利可图的行业拥有企业的人通常会顺理成章地得到更多收入。但仅仅身处赢利行业并不能保证企业会繁荣，并且即使你的企业产出很高，你也可能永远无法变富。为什么？因为即使日进斗金，企业主也可能在与生意无关的消费品和服务上花掉更多的钱。你也许离了 3 次婚，或者有赌马的习惯；你也许没有养老金计划，没持有任何优秀上市公司的股票；也许你对积累财富无所谓，认为钱是最容易再生的资源……如果这么想，你大概是个挥霍者，成不了投资者。

但如果你很节俭，是认真负责的投资者，还拥有一家企业，那会怎样呢？你很可能会变得富有。

一些行业比其他行业更容易赚取高利润，我们将在本章给出几个这种有利可图的行业。但是我们要再次提醒读者，不要将我们的发现和建议简单化。对于在美国如何致富的问题，人们经常想要一个"断章取义"的答案，更糟糕的是一些人甚至会歪曲我们基于数据的发现。看看一名商业经纪人最近留给我们的信息：

> 有人印了份宣传册，说你们是斯坦福大学教授，并发现20%的美国百万富翁是干洗商……是真的吗？

首先，我们俩都没在斯坦福大学任过教。其次，我们都没说过20%的百万富翁此刻正在熨衬衫。我们确实发现，20世纪80年代中期，干洗是有利可图的小本生意，但再说一次，利润并不会自动转为积累的财富。这就像我们或你们的儿子不能因为买了一双飞人乔丹牌球鞋，就觉得自己可以进入大学篮球校队一样。一个标签造不出校队球员，一个行业标签也不能让企业主变得富有，赢利及最终变得富有需要才能和自律。这就是某些人令我们反感的原因。这些人告诉美国公众：

> 只要购买我的教育、自学套餐，你的新企业就会成功。今天开创自己的企业，明天就能收获财富。我在这个行业获得了成功，你也可以，太容易了！

再说一次，让你成功的不是工具、想法和行业。例如，25年前的五金或木材零售企业的赢利数据对我们毫无吸引力，它们没能说服我们投资这种类型的企业，但是想想利润丰厚的家得宝公司（Home Depot）的几位创始人取得的成就，他们彻底改变了这个行业，他们不用利润、销售额或经营费用等行业标准来指导自己如何经营企业和投资。这些创始人有无限的才华、自律和勇气，自己变得富有，还帮助许多雇员和其他投资者实现了财务自由。许多做成大生意的人给自己设定了非常高的标准。

只有变化才是可预见的

形势不断变化，即使对于企业的所有者和经理人来说也是如此。以我们之前提到的干洗业为例，关于这个行业，托马斯·斯坦利在 1988 年报告说：

> 1984 年，美国有 6 940 家合伙干洗企业，91.9% 实现了赢利，平均利润率（净利润在营业收入中的占比）为 23.4%。[①]

到了 20 世纪 90 年代，这个行业的赢利情况如何呢？我们分析了国家税务局的联邦所得税申报数据。1992 年，我们确定全国有 4 615 家合伙干洗企业，只有 50.5% 有赢利，平均利润率为 13%。同年，全国有 24 186 家独资干洗商，它们的平均净收入如何？5 360 美元。这个数字在 171 种独资企业里排名第 116，该行业当时的利润率为 8.1%，排名第 119。有多少干洗商能赚到钱？74.1% 的干洗商没有亏本。在这方面，干洗商在我们分析的 171 个行业里排名第 92。

短短 8 年可以带来多大的变化啊，但干洗业并不是经历如此巨

---

① 参见托马斯·斯坦利的《面向富人的营销》，多伦多，欧文出版社，1988 年（Thomas J. Stanley, *Marketing to the affluent*, Toronto: Irwin, 1988）。

变的唯一行业。表 8-1 的数据比较了一些行业。你会注意到，有几个行业的赢利情况这些年来经历了重大变化。例如，从 1984 年到 1992 年，男士与男童服装店的数量翻了一倍有余。1984 年，该行业所有独资企业实现了赢利，但到 1992 年，只有 82.7% 实现赢利。在我们研究的 171 个独资行业里，该行业在这方面的排名从榜首降到第 57。而公路与街道建设承包业从排名第 8 降到第 138，采煤从第 14 降到第 165。

许多外部因素影响了整个行业和行业内公司的赢利能力，这些因素经常不可控。如果一个行业内有大量赢利公司出现，那么通常会吸引越来越多的人进入这个行业，这会对利润产生不良影响。消费者偏好的改变也可以影响到利润，政府的行动也可以。要是政府能出台对使用煤炭有利的能源政策，独资采煤企业的数量也许不至于在短短 8 年内从 717 家降到 76 家。注意这 76 家采煤企业里只有 34.2% 能赢利。尽管如此，这一行的独资企业平均能赚到 196 600 美元净利润，显然，少量煤矿开采者没理会行业趋势和标准，其中许多人的坚持和关于采煤业的逆向思维得到了回报。许多成功的企业主告诉我们，他们喜欢自己所选行业的"短暂艰难时期"，因为这消除了大量竞争。这似乎就是采煤业的情况：在该行业赢利的那 34.2% 的企业平均赚到约 60 万美元净利润。

许多人问我们："我该不该自己去做生意？"大部分人都不可能为自己工作，而且超过 1 500 万美国独资企业的平均净收入只有 6 200 美元！一个普通年份，约 25% 的独资企业赚不到一分钱利润。合伙企业的情况更糟糕，平均有 42% 一年里赚不到利润。那么大公司呢？在通常的 12 个月周期内，只有 55% 能赚到应税所得。

表 8-1　1984 年与 1992 年部分独资企业的行业排名

（依据取得净利润[*1] 的企业占比）

行业	1984			1992			平均净利润（千美元）
	企业总数	赢利企业占比（%）	排名	企业总数	赢利企业占比（%）	排名	
男士与男童服装	1 645	100.0	1	3 410	82.7	57	8.2
骨科诊所	1 001	100.0	3	10 598	96.3	13	77.6
移动房屋经销商	4 718	95.4	7	6 844	92.3	23	10.1
公路与街道建设承包商	6 812	92.5	8	8 641	56.0	138	12.7
木工与地板铺设承包商	312 832	92.0	9	497 631	92.0	25	8.9
按摩诊所	18 928	91.5	10	32 501	85.1	49	47.5
屋顶和钣金承包商	53 539	91.4	11	98 235	86.9	42	9.1
药店和专卖药店	14 128	90.9	12	8 324	82.2	60	45.5
采煤	717	90.7	14	76	34.2	165	196.6
面料、窗帘和家装商店	17 508	90.3	15	29 827	79.2	74	6.2

农业、兽医	16 367	89.7	16	19 622	92.5	22	41.7
出租车、客运	42 975	89.5	17	38 907	97.1	11	7.0
跨区域和城际客运	16 945	89.4	18	30 666	93.6	20	8.8
牙科器材实验室	15 246	89.4	19	28 101	96.0	15	15.2
金属原材料生产	4 972	89.2	20	3 460	100.0	1	26.1
油漆、墙纸和装饰承包商	180 209	88.8	21	235 599	91.1	28	7.6
牙科诊所	77 439	88.2	22	96 746	94.9	16	73.1
保龄球馆	1 456	88.1	23	1 547	91.3	27	57.4
验光诊所	16 919	86.9	25	12 576	96.1	14	60.1

*1 净利润根据美国国家税务局 1992 年到 1994 年的联邦所得税数据计算。

个体经营的专业人士，还是其他企业主？

不到 20% 的百万富翁企业主将企业交给子女拥有和经营。为什么？要相信富裕父母的选择，他们知道生意成功的概率。他们明白，大部分企业很容易受到竞争、不利的消费趋势、过高的经营开支和其他不可控变量的影响。

那么这些百万富翁建议子女干什么呢？他们鼓励子女成为个体经营的专业人士，如医生、律师、工程师、建筑师、会计师和牙医。如前所述，在美国，有孩子的百万富翁夫妇送子女上医学院的比例是其他父母的5倍，送子女上法学院的比例是其他父母的4倍。

富人知道生意成败的机会与风险，他们似乎也明白，在任何年份，只有极少数个体经营的专业人士赚不到钱，而且大部分专业事务所的赢利能力远高于小企业的总体平均水平。后文中我们将用可靠的数据详细说明这些问题。我们先讨论与个体经营的专业人士有关的其他特征。

假设你是约翰逊煤业的独资所有人卡尔·约翰逊先生。去年，采煤行业的76家企业里只有26家赢利，你是其中之一的所有人。不久前，这一行业还有717个独资业主，超过90%的企业赢利，现在这个行业的企业数量减少了约90%。但你坚强、机智、聪明，尽管其他大部分经营者都退出了，你还在坚持。现在到了收获的时候，去年你赚到60万美元净利润，今年你经营得红红火火。你有两个孩子在上大学，成绩很好。你开始思考一些问题：

- 我该不该鼓励我的孩子戴维和克里斯蒂涉足采煤业务？
- 我该不该鼓励他们最终接手我的煤矿？
- 采煤是最适合我的孩子的职业吗？

我们访问过的大部分百万富翁企业主不会鼓励子女接手这样一家企业，这种倾向在子女学业优秀的情况下尤为明显。他们会建议年轻人考虑其他道路。

如今，大部分企业都要求在土地、设备和建筑方面有一定投资。约翰逊煤业拥有储煤的矿山和价值数百万美元的设备，雇用许多矿工，必须不断提升经营的安全水平，必须符合美国职业安全与健康管理局（Occupational Safety and Health Administration）的规定；无法控制市场为 1 吨煤确定的价格，只能被动接受；必须不断对试图抢走顾客的竞争者保持警惕，必须不断关注美国能源政策的变化；还要保持工人快乐、健康，必须不断应对矿井坍塌和生产中断的可能性；最后，企业经营地址是固定的，不能将矿山搬到一个更温暖的地区或离更高效的铁路站场更近的地方。一场旷日持久的铁路罢工会产生什么影响呢？

问问自己这些问题，你将很快认识到形势很不确定。如果经营规模更大些呢？上述列出的不可控因素可以打垮你的企业。考虑到这些问题，你去年赚到的 60 万美元似乎不算多，你将来还能赚到多少个 60 万美元？如果下一年这些不可控因素让你破产了呢？你能凭你的技能到理工大学教采煤吗？也许不能。你的技能更大程度上属于实践性的，不是理论性的。

我们曾问过一个因纳粹屠杀逃出欧洲的富有企业主，为什么他的所有成年子女都是个体经营的专业人士。他回答道：

他们可以没收你的企业，但不能没收你的知识！

什么意思？政府、债主可以收走一家由土地、机器、矿井、建筑等组成的企业，但不能没收人的知识。专业人士卖什么？不是煤，不是油漆，也不是比萨饼，他们卖的是自己的知识。

例如，医生可以带着他们的知识走遍美国，他们的才能非常便于携带；同样的情况也适用于牙医、律师、会计师、工程师、建筑师、兽医和按摩师。在美国各地，富裕夫妇的子女从事这些职业的比例大大超过了普通人。

与约翰逊煤业公司相比，专业人士的收入特征如何呢？只有一小部分个体经营的专业人士在一年内能赚到60万美元，而且大部分人都要接受多年经济成本和时间成本很高的专业训练。然而，大部分富裕父母相信，身为专业人士终身受益的好处超过了这些成本。记住，大部分富裕父母支付了子女接受训练的学费和其他相关费用的全部或相当大一部分。他们是用辛辛苦苦赚来的钱做出的选择。

你会怎么选呢？注意，采煤业赚到的净利润（196 600美元）平均而言比表8-2列出的任何其他独资企业都高。但在同一时间段内，有多大比例的采煤企业赚到净利润呢？只有约34.2%。这一点与表8-2列出的各专业服务类的赢利企业比例形成了鲜明对比。后者的赢利比例如何？内科诊所约为87.4%，牙科诊所约为94.9%，兽医诊所约为92.5%，法律事务所约为86.6%。

另外请看看净利润率。平均而言，采煤企业需要实现销售收入约240万美元才能带来196 600美元净利润（占收入的约8.2%）。医生呢？内科诊所的平均净利润是8.7万美元，相当于154 804美元收入的56.2%。按照这个利润率，内科诊所需要创造多少收入，就可以赚到与采煤企业相同的平均净利润（196 600美元）？只需349 800美元，与采煤需要的约240万美元相比要轻松许多。对骨科医生而言，这一数字甚至还要低，平均而言只要340 138美元的收入，而法律服务提供者平均需要创造414 800美元的收入。

你会建议戴维和克里斯蒂做什么？如果和大部分成功的企业主

想法一样，你会建议他们成为专业人士。这也是美国富人的想法。第一代美国富人通常是企业主，他们克服了困难，企业成功了，他们成为富人。他们的成功很大程度上依赖他们在企业发展期间勤俭度日，运气经常也是因素之一。大部分成功者明白，形势本来很有可能站在他们反面。

表 8-2　赢利 *1 最多的 10 种独资企业

企业类型	企业总数	平均净利润（千美元）	平均净利润排名	赢利企业占比（％）	平均净利润率（％）	取得平均净利润需要的平均收入（千美元）	取得采煤企业的平均净利润需要的平均收入（千美元）
采煤	76	196.6	1	34.2	8.2	2 397.6	2 397.6
内科诊所	192 545	87.0	2	87.2	56.2	154.8	349.8
骨科诊所	10 598	77.6	3	96.3	57.8	134.3	340.1
牙科诊所	96 746	73.1	4	94.9	34.2	201.9	543.1
验光诊所	12 576	60.1	5	96.1	30.7	195.8	640.4
保龄球馆	1 547	57.4	6	91.3	31.0	185.2	634.2
按摩诊所	32 501	47.5	7	85.1	39.3	120.9	500.3
药店	8 324	45.5	8	82.2	8.7	523.0	2 259.8
兽医	19 622	41.7	9	92.5	22.5	185.3	873.8
法律事务所	280 946	39.8	10	86.6	47.4	84.0	414.8

*1 净利润根据美国国家税务局 1992 年联邦所得税数据计算。当时美国有超过 1 500 万家独资企业，被分为 171 个类别。

他们的孩子有了更好的条件，不需要冒重大风险，将受到良好教育，成为医生、律师和会计师。他们的资本是知识。与父母不同，他们会推迟进入职场，直到20多岁甚至30岁出头，并且极有可能一开始工作，他们就会奉行与节俭的父母创业时完全不同的中上阶层生活方式。

富人的孩子常常不懂得节俭。他们怎么会懂呢？他们的高社会地位职业要求高水平消费，相应地，投资水平就会比较低，因此他们也许会需要父母的经济门诊关怀。虽然像大部分专业人士一样赚到很高的收入，但他们不得不花钱。由于许多高收入类别的行业都有相应高水平的家庭消费要求，我们很难根据各种类型行业的收入特征来预测财富水平。

"乏味无聊"的企业和富人

《福布斯》杂志最近的一篇文章有段有趣的导语：

> 利润增长稳定、乏味无聊的公司也许成不了鸡尾酒会上的谈资，但长期来看，它们是最好的投资对象。[1]

作者在同一篇文章中提到，长期来看，高科技公司可能并且经常在业绩表现方面落后。通常，为拥有者带来稳定收益的反而是那

---

[1] 参见弗莱明·米克斯和戴维·富姆迪勒的《勇于平淡》，《福布斯》，1995年11月6日（Fleming Meeks and David S. Fomdiller, "Dare to Be Dull", *Forbes*, Nov. 6, 1995）。

些被我们称为"乏味无聊"行业内的公司。《福布斯》列出过去 10 年里若干极有韧劲、表现最好的企业，它们代表的部分行业包括墙板制造、建材制造、电器商店、预制房屋和汽车零部件。

确实，这些行业听上去并不令人激动，但为拥有者带来财富的通常是这些平淡无奇的企业类别。乏味无聊的行业多半不会吸引许多竞争，而且对它们的产品和服务的需求通常不会大起大落。最近，我们编制出百万富翁从事的行业名录，在此列出一个样本（见表 8-3）。富人从事什么样的行业？是各种各样乏味无聊的行业。

冒险，还是自由？

为什么有人经营自己的企业？首先，大部分成功的企业主会告诉你，他们非常自由，是自己的老板。他们还说，为自己工作比为别人工作风险小得多。

一位教授曾向身为上市公司高管的 60 名 MBA 研究生提了这样一个问题："什么是风险？"

一个学生回答："当企业主！"

同学们赞同他的说法。这时教授引用一名企业主的话回答了自己的问题：

> 什么是风险？只有一个收入来源。雇员有风险……他们收入来源单一。向你的老板提供物业管理服务的企业主风险如何？他有成百上千个客户……成百上千个收入来源。

实际上，企业主会面临相当大的财务风险，但有一套信念能帮他们降低风险，或至少帮他们减轻风险的感觉：

- 我控制着自己的将来。
- 风险对无情的雇主有利。
- 我能解决自己的问题。
- 成为首席执行官的唯一途径是拥有公司。
- 我能赚到的收入数额上不封顶。
- 直面风险和逆境，我会一天比一天强大和聪明。

表 8-3　个体经营的百万富翁的部分行业或职业

广告专业分销商	人力资源咨询服务
救护车服务人员	工业化学清洗、卫生设备制造商
成衣制造商	清洁服务承包商
拍卖师、评估师	职业培训、职业技术学校经营者
餐厅经营者、所有者	长期护理设施经营者、所有者
柑橘园主	肉类加工经营者
钱币和邮票交易商	移动房屋停车场所有者
地质顾问	业务通讯出版人
轧棉厂经营者、所有者	临时招工服务
柴油机改造商、经销商	害虫防治
甜甜圈机制造商	物理学家、发明家
设计、工程、建造商	公关、游说人
筹资人、筹资顾问	水稻农场主
传热设备制造商	喷砂处理承包商

做一名企业主还要求人有自我雇用的愿望。如果你不喜欢长时间离开办公室，企业主这一职业也许不适合你。我们访问过的最成功的企业主有一个共同特征：他们都喜爱自己的事业，对"单打独斗"感到自豪。一个千万富翁对我们说过这样一段关于个体经营的话：

> 今天，更多的人（雇员）做着不喜欢的工作。坦白告诉你，成功人士是那些有份工作、喜欢自己的工作、每天早上迫不及待要赶到办公室的人，那是我的标准。我一直是那样的人。我等不及要起床，急匆匆赶到办公室开始工作。

这个人（没有子女且丧偶）工作不是为了钱，他的遗产计划规定将财富都赠给母校作为本科生奖学金。

这个人和像他这样的人如何选择想要创办的企业呢？他们在大学接受了很好的教育，师从各种理工科教授，其中许多也是企业主。这些教授是他们的榜样。大部分成功的企业主早在开创企业前就对自己选择的行业有了一些了解和经验。例如，拉里做了十几年的印务销售，是雇主手下表现最好的员工，但他一直担心雇主会破产，所以考虑开办自己的印刷公司，就此向我们讨教。

我们问了拉里一个简单的问题："印刷公司最大的需要是什么？"他立即回答："更多业务、更多收入、更多顾客。"就这样，拉里回答了自己的问题。他的确开了自己的企业，但不是印刷公司，他成了个体经营的印务中介。现在，他代理几家大印刷厂，从促成的每笔销售里拿佣金。他的企业只需很少的日常开支。

开办企业前，拉里告诉我们，他没有勇气当企业主，每次哪怕一想到要"单打独斗"都觉得害怕。他认为个体经营者都无惧无畏，永远不会感到害怕。

我们得帮助拉里调整想法。我们先解释说，他对勇气的定义是错的。如何定义勇气？勇气是在做事的时候时刻想到恐惧。确实，拉里、勇敢的人和企业主们认识到自己做的事情中有令人恐惧的东西，但他们直面它，克服心中的恐惧，那就是他们成功的原因。

我们花费大量时间研究勇敢的人。认为自己可以将食物卖到全世界时，雷·克洛克无疑有极大的勇气。他曾经只是一战前线的一名救护车司机。同样有勇气的是沃尔特·迪士尼（Walt Disney）。李·艾柯卡（Lee Iacocca）需要极大的勇气来告诉国会和全世界，克莱斯勒将"东山再起"。他并不符合企业主的严格定义，但在我们心目中，他的血管里流淌着企业主的血液。

恐惧在美国无处不在。根据我们的研究，谁的恐惧和担忧更少呢？你会猜是有 500 万美元信托账户的人，还是白手起家、拥有几百万资产的企业主？通常，担忧更少的是那个每天直面风险、每天考验自己勇气的人。他以这种方式学会了征服恐惧。

案例研究：W 先生

我们将下述案例研究留到最后，因为在我们看来，它概括了理财大师和理财外行的区别。本书从头到尾，我们一直强调，这两个群体的需求完全不同。理财大师需要成就，需要创造财富，需要实现财务自由，需要平地起高楼；理财外行更多地需要表现出高档次的生活方式。当两个群体的成员试图同时占据同一个空间时，会发生什么呢？正如下述案例研究所示，可能的结果就是冲突。

W先生是白手起家的百万富翁，净资产保守估计超过3 000万美元。他是典型的理财大师，拥有几家生产工业设备、测试仪器和专用仪表的公司，还涉足许多其他经营活动，包括房地产投资。

W先生住在一个中产阶层社区，邻居的资产只及他所积累财富的零头。他和妻子开通用的大型汽车，他的生活和消费习惯完全是中产阶层式的，从不穿西服、打领带去上班。

他喜欢投资他所谓的高档地产："在（设备）企业以外……我通过投资房地产来赚钱……上帝不断造人，但没造出更多土地……如果你很聪明，对地段精挑细选，你就能赚到钱。"

W先生确实非常挑剔，只在价格合适时独立或合伙购买资产，通常从急需用钱的所有者或开发商手里购买资产或部分产权。

最近，他又发现了一个"明媚乡间的绝佳投资机会"："一个可怜的家伙正在盖一幢高层公寓……要让建筑商开建，他得先卖出50%的房屋……于是我找到他，和他做了笔交易……（我）用大量借款……买了同样户型的全部房屋，他拿到需要的钱，盖了楼。因为我买下了那个户型的全部……不管谁想买那个户型，都得来找我……类似垄断，没人和我竞争……我很快把它们卖掉了，只留下一套。"

但那剩下的一套，W先生也没保留多久。他和家人用它度了一两次短假，偶尔请亲近的朋友住住，然后将它出租，直到售出。他为什么不在这些公寓综合楼里永久保留一套房子呢？那不是他的风格。

大部分购买 W 先生的度假公寓的人是中上阶层的理财外行。W 先生与许多公寓房屋买家有不少分歧。他之前也在几幢综合楼里买过房子，买家们通过了太多限制性规约，以致他连在自己的公寓里度假都很不自在，因此被迫卖掉每幢综合楼里"保留的一套房屋"。

"我养了条狗……叫它'身价 6 位数狗狗'……我卖掉了几套公寓，因为……那里的人通过了限制养狗的规约。他们对我说'你得送走那条狗……'我宁可卖掉整幢楼，也不会送走我的狗。"

W 先生预料到，他的新房产的那些势利买家也不会顾及他养狗的愿望，因此早在大楼还没开建前就把他的狗写入大楼的公告里。公告说，W 先生和家人住在楼里时有权养条狗。

按 W 先生的说法，所有买房人都得到了公告的副本，因此他们都知道 W 先生有在大楼里养狗的权利。买房时，没有一个业主提出反对。但在 W 先生的"最后保留房屋"以外的所有公寓卖完后不久，业主们抱团成立了一个行动委员会，目的是起草并执行一份扩大的限制性规约清单。这些新规约当然不会限制 W 先生和他的狗的权利，毕竟这些权利白纸黑字写在最初的公告里。

行动委员会通过了一项养狗规约，绕开了关于狗的原始公告，声称让狗进入大楼要有某些限制，那就是狗的体重必须小于 15 磅。对于狗的权利和最初的公告而言，这无异于一种嘲讽。W 先生觉得这是催促他卖掉最后一套房屋的托词。他的"身价 6 位数狗狗"重30 磅，他觉得即使让狗节食也不可能符合标准。他尤其不满的是，他从未被允许对与狗有关的规约投出赞成票或反对票。他决心不管什么规约，留着他的狗，毕竟早在大楼开工前他就是主要投资人。

"行动委员会给我写了封信，告诉我必须送走那条狗，因为它超过了 15 磅……因此我参加了他们的一次会议……我抱怨他们的投票制度……我没有投票权。"

离开会场前，W 先生对委员会说："你们怎么知道它超过 15 磅？你们怎么知道？它可能身子很虚弱，没多少肉……我不会送走我的狗。"

几天后，W 夫人遛狗时，行动委员会的主席拦住她，用例行公事的口吻对她说："送走那条狗，你违反了我们的规约。"当天午后，W 夫人把这件事告诉了丈夫。这次遭遇让她心烦意乱，W 先生让她保持冷静。

几周后，W 先生收到一封要求他送走狗的信，声称如果他不遵守与狗有关的规约，他们将采取法律行动。这之后又来了两封信，措辞一封比一封更有威胁性。

W 先生对这些要求无动于衷。写这些信的是行动委员会主席，也是一个律师。但 W 先生发现，这位主席并没有在大楼所在州开展法律业务的许可，因此他"当场驳回"行动委员会的每一个要求。

然而，W 先生和家人开始感觉，哪怕只是在这幢公寓大楼度个假，他们也与这里格格不入。行动委员会在用那条狗作为驱逐他们一家的理由吗？W 先生认为，真正的问题是他和家人不是那种旁人看来"体面的人"。相比之下，大楼里满是（按 W 先生的说法）人们能想到的最衣冠楚楚的公寓业主。

W 先生对行动委员会成员的怒气越来越大。他觉得这些成员在想方设法地粗暴对待他，尤其让他恼火的是委员会主席当着几名公寓业主的面让他妻子难堪。W 先生想出个计划。

在有行动委员会全体成员参加的一次公寓业主会议上，W 先生站起来做了自我介绍。

"我就是一直收到你们信的那个人……关于我们的狗……我仔细考虑了你们的提议……我决定不会送走我的狗，也不会卖掉我的房子。"

这份声明不出意外地引来听众一片嘘声。得到目标听众的一致注意后，他概括了回应：他会将房子转移到他公司的利润分享和养老金计划里，让流水线上的雇员每年 52 个星期轮流用这套房屋作为度假地。他问听众："你们对此有意见吗？"

大量听众表达了不满，他们无疑在想象 W 先生的蓝领雇员每年 52 个星期都侵入他们生活空间的情景！一些与会者喊道："留着那条狗吧，留着吧！"行动委员会主席提议立即在隔壁的会议室召开一次闭门会议。5 分钟后，委员会成员列队走回房间。主席告诉这群公寓业主听众，行动委员会做出了一项决定。

"重新考虑这一事态的所有因素后，行动委员会提议允许 W 夫妇保留他们的狗，我要求规约作此修改。全体赞成……"

这场辉煌的胜利后不久，W 夫妇卖掉了他们的房子。W 先生说，这样做是因为"我不想与不喜欢狗的人住在一幢大楼里"。

按 W 先生的说法，他的狗对他和家人非常重要，以致他们宁愿低价卖出那套房屋。他们还卖掉了位于其他公寓楼的房屋，那里的人也讨厌他们的狗。以公寓楼的价值来算，那条狗值多少钱呢？对 W 夫妇而言，它价值数十万美元，那是他们估计的以低于市价卖房损失的数额。即使身边都是体面人，不友善的环境对狗来说也不是好地方，对理财大师而言也是如此。

致　谢

　　《邻家的百万富翁》一书构思于 1973 年，那时我刚开始研究富裕人群。本书反映了从最初那次和随后很多次对富人的研究中得到的知识和见解。最近，我和合著人威廉·丹科做了一次调查，我们认为这次从 1995 年 5 月持续到 1996 年 1 月的调查说明了很多问题。我们亲自承担了这项研究，这样在聚焦于那些解释人们在美国如何变富的因素时，我们就能拥有完全的控制力。

　　在收集关于富人的知识的道路上，我得到了许多杰出人士的帮助。自这项研究开始以来，威廉·丹科博士一直是我最重要、最宝贵的"左膀右臂"。再也找不到一个比他更好的合著人了。

　　感谢我的妻子珍妮特，感谢她在手稿写作初期的引导、耐心和协助。特别感谢露丝·蒂勒，感谢她在调查表格设计、访谈整理、编辑和文字处理方面的出色工作。我深深地感谢苏珊·德加兰的卓越编辑工作。我还想感谢我的孩子萨拉和布拉德，感谢他们作为实习生协助完成这个项目。

最后，我要感谢成千上万名坦率、心甘情愿又兴致勃勃地讲述了"他们的故事"，为我们的研究做出了贡献的人，他们是真正的邻家的百万富翁。

托马斯·斯坦利

佐治亚州亚特兰大市

我的事业是许多人支持的结果。我特别感谢纽约州立大学奥尔巴尼分校的一群核心支持者。比尔·霍尔斯坦教授、休·法利教授、唐伯克教授、萨尔·贝拉多教授等人一直致力维持这所大学责任共担的氛围，让这项工作结出果实。当然，若非20世纪70年代初比尔和唐伯克促成托马斯·斯坦利来这所大学任教，世界上永远不会有这本书和斯坦利、丹科团队其他成果丰硕的活动。

完成本书需要做许多观察研究，这是一项艰巨的工作，我的3个孩子克里斯蒂、托德和戴维，在我指导下充满热情地完成了任务。他们的勤奋和对细节的关注不可能是单靠一笔"服务费"驱动的，他们完成起任务来就像自己在项目中投入了真金白银。我相信，这种与市场研究的接触将使他们在打造自己事业的同时成为理性的消费者。

最后，我必须感谢并赞美我的母亲，是她传授给我自律和信仰。她以身作则，不畏逆境，努力工作，教会我如何在上帝指引下活得坚毅、勇敢并有尊严。

威廉·丹科

纽约州奥尔巴尼市

附录 1：我们如何找到百万富翁

我们是如何找到百万富翁调查对象的呢？在一次市场研究课程上，一名成绩 C 等的学生曾尝试回答这个问题，他建议只需拿到份豪华车车主名单即可。然而，读者现在已经知道了，大部分百万富翁不开豪车。大部分开豪车的不是百万富翁，不行，这个方法行不通！

根据住宅区选择目标

我们最近的研究及所做的众多其他研究都用了这个方法，它是我们的朋友、地理编码法发明人乔恩·罗宾提出的。罗宾先生是给美国超过 30 万个住宅区进行归类（或编码）的第一人，使用他的系统可以将 1 亿美国家庭的超过 90% 编上码。

罗宾先生首先根据每个住宅区的平均收入给它们编码，然后估算各住宅区的平均净资产，做法是先确定各住宅区的家庭获得的平均利息收入、租金净收入等，再用他的"资本化模型"估算出创造这样的收入需要的平均净资产。确定了各住宅区的平均估算净资产后，他给每个区分配一个编码：编码"1"分配给平均估算净资产最高的住宅区，编码"2"分配给平均估算净资产第二高的住宅区，依此类推。①

我们用这份估算净资产等级表来寻找接受调查的百万富翁。首先，我们从估算净资产等级表上选取排名远高于平均的样本住宅区。一家商业邮件名录公司计算了我们选择的各个高净资产住宅区的家庭数量，接着随机选取所选住宅区内的家庭户主。这些就是我们的调查对象。

在从 1995 年 6 月持续到 1996 年 1 月的全国性研究中，我们选择了 3 000 名户主，他们每人收到一份有 8 页的调查表，一封邀请他参与及保证我们收集的数据不记名、不外泄的制式信函，及我们表示感谢的 1 美元，还有一个商业回函信封用于寄回完成的调查表。共 1 115 份调查表及时完成，被我们用在分析中，另外 322 份调查中有 156 份地址不明，122 份未完成，44 份本可用的调查表在数据分析开始后才收到，总体回复率是 45%。这 1 115 名回复者中，385 名（34.5%）有超过 100 万美元的家庭净资产。

---

① 参见托马斯·斯坦利和墨菲·休厄尔的《富裕消费者对邮件调查的反应》，《广告研究杂志》，1986 年 6 月刊（Thomas J. Stanley and Murphy A. Sewall, "The Response of Affluent Consumers to Mail Surveys", *Journal of Advertising Research*, June 1986）。

根据职业选择目标

我们又以其他调查为这项调查做补充。我们经常采用所谓的专用方法来调查范围很窄的一部分人，以对应区别于住在富裕住宅区的典型人群。这些人包括富裕农场主、公司高管、中层管理人员、工程师、建筑师、卫生保健专业人士、会计师、律师、教师、教授、拍卖师、企业主等。专门调查很有用，因为即使是最好的地理编码方法通常也会遗漏住在乡村中的富人。

附录 2：个体经营的百万富翁的行业或职业

财务和金融

- 保险代理人
- 保险代理机构业主
- 保险理赔人
- 保险总代理
- 筹资人、筹资顾问
- 财务规划师
- 贷款经纪人
- 独立保险代理
- 独立投资经理
- 共同基金总裁、所有者
- 股票经纪人
- 金融顾问
- 会计师

- 审计会计师
- 税务顾问
- 信托基金经理
- 注册会计师

餐饮食品

- 连锁比萨餐厅经营者
- 便利食品店店主
- 餐厅经营者、所有者
- 烘焙食品制造商
- 酒类批发商
- 快餐店经营者
- 路边餐馆经营者
- 啤酒批发商

- 软饮料灌装商
- 糖果、烟草批发商
- 特种食用油进口商、经销商
- 甜甜圈机制造商
- 饮料机械制造商

传媒、出版和印刷

- 电影制作人
- 牧师、演讲人
- 小说作者
- 业务通讯出版人
- 音频、视频制作者
- 印刷、自助仓储、出租业主

服装和珠宝

- 成衣制造商
- 工业洗衣房、干洗工厂经营者
- 女性基础服装制造商
- 女装零售商、批发商
- 商业洗衣店
- 婴儿服装制造商
- 运动服装制造商
- 制帽商
- 珠宝批发商、零售商

工业生产和制造

- 标牌制造商
- 层压纸、铜版纸制造商
- 柴油机改造商、经销商
- 除漆、金属清洗
- 厨卫设备经销商
- 传热设备制造商
- 电气用品批发商
- 纺织工程服务
- 废金属交易商
- 高岭土开采者、加工者、销售商
- 工业化学清洗、卫生设备制造商
- 焊接承包商
- 焊接用品经销商
- 机床制造商
- 机械设计商、承包商
- 喷砂处理承包商
- 砂石交易商
- 设计、工程、建造商
- 特种钢材制造商
- 特种工具制造商
- 特种纤维制造商
- 展示和固定装置制造商

家政家装

- 安装承包商
- 窗帘制造商
- 地毯制造商
- 废品回收商
- 工具设计师
- 家具制造商者
- 家装用品制造商
- 清洁服务承包商
- 清洁经销商
- 清洁用品批发商

建筑和房地产

- 不动产所有者、开发商
- 不良地产处置商
- 承建商
- 地质顾问
- 垫层、地基制造商
- 房地产代理机构所有者
- 房地产金融服务提供者
- 房地产开发商
- 房地产拍卖师
- 房地产投资者
- 房地产中介

- 分包商
- 工程师、建筑师
- 公寓楼经营者、所有者
- 建筑机电供应商
- 建筑设备制造商、供应商
- 建筑施工保险
- 开发商
- 商业地产管理
- 商业房地产中介、投资人
- 商业物业管理
- 土地规划、设计、工程
- 土木工程师、测量员
- 挖掘、基础工程承包商
- 挖掘工程承包商
- 写字楼开发商
- 移动房屋交易商
- 移动房屋停车场所有者
- 预制房屋
- 住房建设商、开发商
- 住房维修、油漆
- 总承包商

科学和教育

- 大学讲师

- 放射学家
- 航空与航天顾问
- 技工、科学工作者
- 技术顾问
- 计算机顾问
- 计算机应用顾问
- 教科书、培训手册作者
- 私立学校教育
- 微电子研究者
- 物理学家、发明家
- 院校经营者、所有者
- 职业培训、职业技术学校
  经营者

零售和贸易
- 百货商店主
- 非营利贸易协会管理
- 妇女成衣零售连锁店
- 贸易公司经营者
- 批发商
- 经销商
- 零售商店人力资源服务
- 零售商店主
- 商品经销代理机构

- 照片批发经销商
- 杂货店主
- 杂货批发商
- 总经销商

律师和司法
- 房地产律师
- 劳动谈判专家
- 劳动仲裁人
- 税务律师
- 人身伤害律师
- 娱乐业律师

能源和交通运输
- 大件运输护送服务经营者
- 供水承包商
- 货运代理
- 连锁加油站经营者
- 码头经营者、维修服务经营者
- 能源顾问
- 能源生产工程师、顾问
- 铺路承包商
- 汽车发动机和零部件批发商
- 汽车租赁公司经营者

- 燃油经销商、分销商
- 石油工程咨询服务
- 拖车服务经营者
- 行政运输、押运服务
- 修船、船坞经营者
- 油气投资公司股东
- 运输、货运管理者

农牧业和农牧业加工
- 柑橘园主
- 害虫防治
- 花卉零售商、批发商
- 家禽养殖场主
- 林场主
- 棉花种植园主
- 牧场主
- 奶牛场主
- 农产品批发
- 农场主
- 农田灌溉经纪人、承租人
- 肉类加工经营者
- 乳品制造商
- 蔬菜种植园主
- 水产批发商、经销商

- 水稻农场主
- 水果蔬菜经销商
- 轧棉厂经营者、所有者
- 养马人
- 养殖承包商
- 牛只繁育商

企业经营和管理
- 办公电脑批发商
- 办公设备经营者
- 办公用品批发商
- 复印机销售、服务人员
- 公关、游说人
- 管理咨询顾问
- 广告、市场营销顾问
- 广告代理人
- 广告专业分销商
- 进出口贸易经营者
- 经纪人、销售
- 临时招工服务
- 人力资源咨询服务
- 软件开发人员
- 商业经纪公司经营者
- 商业实验室经营者

- 市场、销售专业人士
- 市场服务顾问
- 市场顾问
- 数据服务顾问
- 销售代理
- 信息服务顾问
- 运输与仓储顾问
- 直销服务组织人
- 直邮服务商
- 职业介绍所经营者、所有者
- 专利持有人、发明人

文化休闲
- 古董销售商
- 旅行社经营者、所有者
- 拍卖师
- 评估师
- 汽车运动推广人
- 钱币和邮票交易商
- 赛马场、赛车场经营者
- 商业艺术家
- 手工艺者

医疗和制药
- 长期护理设施经营者、所有者
- 家庭保健从业者
- 整形外科医生
- 救护车服务人员
- 理疗和语言障碍矫正机构经营者
- 麻醉师
- 美容院经营者、所有者
- 皮肤科医生
- 私人疗养院经营者、所有者
- 心理医生
- 牙医
- 矫牙医生
- 药剂师
- 医疗保健机构所有者
- 医学研究机构所有者

其他
- 殡仪馆经营者

图书在版编目（CIP）数据

邻家的百万富翁 /（美）托马斯·斯坦利，（美）威廉·丹科著；朱鸿飞译. —— 海口：南海出版公司，2023.10（2025.10重印）

ISBN 978-7-5735-0593-4

Ⅰ.①邻… Ⅱ.①托… ②威… ③朱… Ⅲ.①私人投资－通俗读物 Ⅳ.①F830.59-49

中国国家版本馆CIP数据核字（2023）第168391号

著作权合同登记号 图字：30-2019-071

邻家的百万富翁

〔美〕托马斯·斯坦利 〔美〕威廉·丹科 著
朱鸿飞 译

出　　版　南海出版公司　（0898)66568511
　　　　　海口市海秀中路51号星华大厦五楼　邮编 570206
发　　行　新经典发行有限公司
　　　　　电话(010)68423599　邮箱 editor@readinglife.com
经　　销　新华书店

责任编辑　张　锐
特邀编辑　姜一鸣
营销编辑　王　玥　王　珺　王浩然
装帧设计　李照祥
内文制作　田小波

印　　刷　河北鹏润印刷有限公司
开　　本　880毫米×1230毫米　1/32
印　　张　9
字　　数　195千
版　　次　2023年10月第1版
印　　次　2025年10月第3次印刷
书　　号　ISBN 978-7-5735-0593-4
定　　价　69.00元